KB233119

STOP!

성공을 부르는 포기의 힘

STOP!

성공을 부르는 포기의 힘

초판 제1쇄 인쇄 2006년 3월 30일

초판 제1쇄 발행 2006년 4월 10일

지은이 | 시모조노 소타(下園壯太)

옮긴이 | 정은지

펴낸이 | 조철선

펴낸곳 | (주)아인앤컴퍼니

등록번호 | 제22-2451호

주소 | 서울특별시 서초구 양재2동 275-1 삼호물산 A동 1816호

전화 | 02-589-0130

팩스 | 02-589-0131

E-mail | books@einandcompany.com

ISBN 89-91042-16-3 03320

값 10,500원

아인북스는 (주)아인앤컴퍼니의 출판 브랜드입니다.
지혜로움│자유

시모조노 소타(下園壯太) 지음 / 정은지 옮김

당신은 '포기'라는 단어를 경멸하는가?

현대사회는 포기라는 단어를 지나치게 비하하는 경향이 있다.

〈나는 포기하지 않아〉라는 방송 프로그램이 인기를 얻었는가 하면, 기업의 성공신화를 다큐멘터리로 극화시킨 〈프로젝트 X〉라는 프로그램이 인기리에 방영 중이다. 이렇듯 우리는 '참고 견디는' 신화를 좋아한다.

그러나 나는 오랫동안 카운슬링에 종사해오면서 '적절한 시기에 어떻게 적절하게 포기를 잘하느냐가 인생의 성공 여부를 결정한다'고 생각하게 되었다. 내 눈에는 현대사회가 포기를 지나치게 폄하하는 것처럼 보인다. 상담을 하러 오는 사람들 중 많은 사람들이 포기에 대한 이런 폄하와 편견으로 괴로워한다.

포기에 대한 편견을 버리면 마음이 훨씬 가벼워진다. 마음이 가벼워지면 그만큼 괴로움도 줄고 새로운 인생에 눈뜨기도 쉬워진다. 적절한 타이밍에 유연하게 포기할 줄 아는 사람에게는 정신적 피로도 쌓이지 않는다. 오히려 어떤 일에 지나치게 집착한 나머지 거기에 얽매여 포기하지 못하고 그것에 지배

당하는 사람은 포기라는 프로그램이 오작동을 일으켜 결국에는 인생 자체를 포기하는 최악의 사태를 맞기도 한다. 포기를 무슨 도의 경지처럼 생각하는 사람도 많다. 아니면 포기하는 것을 떳떳하지 못한 일로 생각해 차마 용기를 내지 못하는 사람도 많다. 포기란 그만큼 어려운 일이다. 포기하려고 마음먹어도 포기하지 못하는 경우가 다반사이다.

포기를 생각할 때면 떠오르는 우화가 있다.

옛날 아랍에 한 왕국이 있었다. 어느 날 그 나라의 왕자가 귀한 항아리에 들어 있는 사탕을 꺼내려고 항아리에 손을 넣었다가 그만 항아리 주둥이에 손이 걸리고 말았다. 온 나라가 발칵 뒤집혔다. 항아리를 깨서 왕자를 구하자는 의견도 있었으나, 이웃 나라 왕에게서 받은 귀중한 항아리를 깰 수는 없는 노릇이었다. 이런 상황에서 왕자를 구한 것은 지나가던 한 현자였다. 현자는 왕자에게 이렇게 말했다.

"손에 쥐고 있는 사탕을 놓으세요."

그러나 왕자는 "싫어, 싫어! 사탕 먹고 싶단 말이야!"라고 울어대기만 했다.

"사탕은 제가 꼭 꺼내드릴 테니 걱정하지 마세요."

현자의 그 말을 믿고 왕자가 손에서 사탕을 놓으니 손이 쑥 빠졌다. 왕자의 손이 빠지자 현자는 항아리를 거꾸로 들어 사탕을 꺼내 왕자에게 주었다. 왕자는 뛸 듯이 기뻐했다.

때로는 어떤 일을 포기할 때 오히려 얻게 되는 경우도 있다.

지금도 위 우화 속의 현자의 수완을 생각하면 절로 고개가 끄덕여진다. 이 우화는 어떤 일에 무모하게 집착하지 않는 것이 중요하다는 사실을 어린 나에게 깊이 각인시켜주었다.

이 책에서 앞으로 자세히 다루겠지만, 포기란 중요한 선택기능임과 동시에 결심기능이기도 하다. 다시 말해 포기의 본질은 또 다른 선택을 위해 비효율적인 것을 버리는 일이다. 단지 버릴 때의 괴로움이 크기 때문에 모두가 포기를 두려워하는 것뿐이다. 그러나 인간이 주체적으로 살아가기 위해서는 이런 고통을 감수해야 한다. 선택이란 어느 한쪽을 버린다는 것을 의미한다. 포기를 결심했다면 그에 따른 책임까지 떠안을 각오를 해야 한다. 어떤 것을 포기하면서 그에 수반되는 고통까지 생각한다는 것은 긍정적이고 적극적인 삶, 그 자체에 대해 고민한다는 증거다.

이 책을 통해 포기의 본질을 함께 생각해보고자 한다.
인간에게는 왜 포기라는 감정이 존재하는가?
우리가 어떤 일을 포기하지 못하는 근본적인 이유는 무엇인가?
자책하지 않으면서 유연하게 포기할 수 있는 특별한 비법은 있는가?

포기를 정확히 이해하고, 우리의 인생에 또 다른 가능성이 있음을 잊지 말자. 그리고 포기를 경계의 대상이 아닌 공존의 대상으로 인식하자. 적절할 때 포기 프로그램을 제대로 활용하는 기술이야말로 현대인에게 꼭 필요한 기술이다. 자, 그럼 이제부터 우리의 행복을 위해 포기할 줄 아는 삶의 방식에 도전해보자. 나의 삶을 유연하게 가꾸어보겠다는 가벼운 마음으로 이 책을 읽어주기 바란다. 아울러 이 책에서 소개하는 사례는 나의 카운슬링 경험을 바탕으로 재구성한 것으로, 특정한 모델은 존재하지 않음을 미리 밝혀둔다.

시모조노 소타(下園壯太)

CHAPTER . 1

포기하지 못해 괴로워하는 사람들

A씨는 국립대학을 졸업한 뒤 이른바 일류기업에 입사했다. 장차 회사를 이끌어갈 임원감이라는 말에 사기가 충천하여 가족도 뒷전으로 한 채 몸 바쳐 회사를 위해 일해왔다. 마흔 살을 눈앞에 둔 지금, 동기들 중에서 누가 출세할지 서서히 윤곽이 드러나기 시작했다. 물론 A씨의 미래가 탄탄대로는 아니었지만 그렇다고 동기들에 비해 처지는 것도 아니었다.

그의 동기 중에는 회사에 사표를 내고 독립해서 자기 사업을 하는 사람도 있었는데, 어느 날 그 친구와 술을 마실 기회가 있었다. "코딱지만한 회사라 할 일이 여간 많은 게 아니야." 동기는 불평을 늘어놓았지만, 나름대로 열심히 사는 듯 보였다.

A씨는 요즘 자기 인생이 이대로 괜찮은 건가 하는 심각한 고민에 빠져 있다. 장래가 뻔한 이 회사에 일생을 바쳐야 하는지, 여태껏 그래왔듯 일을 핑계로 가족과 자기 인생은 나 몰라라 하고 희망 없는 세월을 보내야 하는지, 상사의 눈치를 보기에만 급급하여 하고 싶은 말도 제대로 못하는 다람쥐 쳇바퀴

같은 일상…. 이것이 진정으로 자기가 원하던 행복일까?

그렇다고 청년실업이다 뭐다 하는 이런 불황에 감히 회사에 사표를 던질 용기도 나지 않는다. 어쩌면 부장 정도까지는 승진할지 모른다. 누가 아나? 승승장구해서 임원까지 올라갈지.

"이래서야 창살 없는 감옥이 따로 없어." 요즘 A씨가 포장마차에 앉아 술잔을 기울이면서 자조 섞인 말투로 자주 내뱉는 말이다.

●── 꿈을 좇을 것인가, 현실을 직시할 것인가?

B씨는 중학교 때부터 밴드에 빠져 살았다. 서른여덟 살이 되도록 결혼도 하지 않고 제대로 된 직장도 없이 아직까지도 부모님께 의지해서 산다. 기회가 생기면 CD 가게에서 아르바이트를 하며 밴드 활동을 계속하고 있다. 가끔은 작곡도 한다. 그의 곡이 지역 방송을 탄 적도 있다. 거의 팔리지는 않지만 언더그라운드에서 CD를 두 장 낸 경력도 있다. 그의 꿈은 프로 가수가 되는 것이다.

그러던 중 숙부에게 자기가 경영하는 섬유회사에서 일해보지 않겠느냐는 제안을 받았다. "언제까지 음악만 하고 살 거니? 이제 결혼도 하고 안정을 찾아야지. 음악이 밥 먹여주냐? 언제까지 부모님 고생만 시킬 작정이냐? 장남이라면 책임감을 가져야지!"

그러나 지금의 생활과 꿈을 접고 매일매일 시계추 같은 생활을 반복하는 샐러리맨이 된다고 생각하니 머리가 아찔해진다.

그런 그도 마음 한편에서는 이 생활을 그만 접어야지 하고 막연하게 생각하곤 한다. 숙부의 말에도 일리가 있거니와 늙어가는 부모를 볼 때마다 마음도 씁쓸해지는 것이 사실이다. 그러나 마음만 초조할 뿐 아무 결론도 내리지 못한 채 B씨는 아까운 시간만 보내고 있다.

C씨는 3년 전에 결혼한 서른다섯 살의 여성이다. 얼마 전 지금까지 다니던 회사를 그만두었다. 결혼해서도 일을 계속할 작정이었으나 남편은 C씨가 일하는 것에 반대했다. C씨는 결혼 전에 동료에게 "그 사람이 내가 일하는 걸 싫어해서…."라며 자랑하듯 이야기하곤 했는데, 언제부터인가 이 말이 퍼지면서 C씨가 결혼과 함께 퇴직할 것이라는 소문이 돌았다.

결혼에 들떠 있던 C씨는 눈치 채지 못했으나, 회사는 C씨가 퇴직하도록 은근히 분위기를 조장했다고 한다. C씨가 신혼여행에서 돌아와 인사차 회사에 들르자 벌써 C씨의 후임자로 '젊고 예쁜 여직원'이 내정되어 있었다. 동료는 "낙하산인 모양이야. 네가 신혼여행을 가는 바람에 타이밍이 딱 맞았지 뭐."라고 살짝 일러주었다. 화가 치밀어 올랐지만 C씨는 어쩔 수 없이 회사를 그만두고 그 일을 잊기로 했다.

그러나 최근 들어 그 일이 다시 떠오르곤 한다. 남편과의 사이가 멀어진 것도 그 원인 중 하나다. 일과 파친코에만 빠져 가족을 등한시하는 남편을 향해, "당신이 그만두라고 해서 난 회사까지 그만뒀어요. 나도 열심히 일해 사회에서 인정받는 멋진 커리어 우먼이 되고 싶었다구!" 하면서 불만을 토로한다.

도대체 내 인생은 어디로 가고 있는 거지? 나는 도대체 누구를 위해서 사는 거지? 이런 생각에 시달리면서 C씨는 암울한 하루하루를 보내고 있다.

● ── 사기꾼인 남자를 믿고 싶은 D씨

D씨는 현재 스물일곱 살. 그런데 이른바 결혼 사기에 휘말렸다.

술집 종업원으로 일하던 D씨에게 어느 날 젊고 세련되고 부유해 보이는 한 남자가 접근해왔다. 회사 사장이라는 남자의 적극적인 선물 공세와 고급 레스

토랑에서의 데이트는 원래 남자에게 쉽게 넘어가지 않는 D씨의 마음을 녹이기에 충분했다.

　"지금 회사가 좀 어려워."라는 그의 말에 처음에는 의심조차 하지 않고 돈을 빌려주었다. 그러다 어느덧 정신을 차리고 보니 D씨는 오천만원이란 거금을 그에게 건네준 상태였다. 금방 갚겠다는 말을 반복하면서도 너무나 태연하기만 하던 그가 실은 아이까지 딸린 유부남이라는 사실을 알게 되었고, D씨는 그제야 속은 것이 아닌가 하고 생각하기 시작했다.

　그래서 그에게 따지고 들자 이번에는 그가 폭력을 행사했다. 가족과 주위 사람들은 그에게서 손을 떼라고 만류했지만 D씨는 그와 헤어지지 못했다. 빌려준 돈이라도 받아내야겠다는 것이 그 이유지만 그것은 단지 변명에 불과하다. 마음속으로 그를 단념하지 못할 뿐이다.

　그가 돈을 들고 모습을 감추어버린 뒤에도 D씨는 그와 함께 살던 아파트에서 그가 돌아오기만을 기다렸다. 그녀가 이사를 결심한 것은 그로부터 1년 뒤. '포기'라는 마음의 정리를 하는 데 너무나 오랜 시간이 걸린 것이다.

●── 실의에 빠져 인생 자체를 포기하려고 했던 E군

E군은 스물두 살의 청년으로 삼수를 해서 겨우 대학에 입학했다. 그러나 3학년 때 교통사고로 친구를 잃은 뒤 실의에 빠져 급기야는 우울증까지 걸리고 말았다. 체력도 눈에 띌 만큼 쇠약해져갔다.

　E군은 대학 카운슬러의 조언으로 마지못해 정신과 치료를 받기도 했으나, 혼자서 생활하기에는 도저히 무리라는 주변의 판단으로 병원에 입원하게 되었다. 그러나 그는 이런저런 핑계를 대며 단 2주도 제대로 입원해 있지 못했다. 상태가 조금 좋아지면 학교에 가야 한다, 취직 준비를 해야 한다, 시험을

봐야 한다며 의사를 졸라댔다. "여기서 나가지 않으면 내 인생은 끝장이에요! 평생 낙오자로 살아야 한다구요!"라며 반 협박조로 간청하는 통에 의사도 하는 수 없이 외출을 허락하곤 했다.

그는 늘 '남보다 뒤처지면 어쩌나, 친구들에게서 멀어지면 어쩌나' 하는 불안에 시달렸고, 그래서 의사의 권고도 무시한 채 외출을 감행했다. 그럴 때마다 몸 상태는 점점 더 나빠졌다.

만약 그가 사사로운 일들을 포기하고 열심히 자신의 몸을 추스르는 데만 전념했다면 우울증은 2~3개월 안에 회복되었을지도 모른다. 그러나 그는 너무 어렸던 탓인지 현명한 판단을 내리지 못했다. 나중에 돌이켜보면 별로 중요하지도 않았을 일을 포기하지 못해 결과적으로 더 큰 화를 불렀다.

이런 상황이 반복되는 동안 E군의 우울증은 점점 더 심해져갔고 급기야는 가장 두려워하던 유급을 각오해야 할 상황에 이르렀다. '유급이 될지도 모른다고 생각하니 죽고 싶다.' 이렇게 E군은 사소한 일을 포기하지 못한 대가로 '삶' 자체를 포기해야 할지도 모를 위기에 처했다.

다행히 그는 겨우 정신을 차리고 치료에 전념했다. 포기가 빠르면 회복도 빠르다. 결국 E군은 비록 유급을 당하긴 했으나 본래 모습을 회복하고 무사히 대학을 졸업할 수 있었다.

지금까지 소개한 사례들은 내가 카운슬링을 하면서 경험했던 '포기'의 일부 예에 불과하다. 이 밖에도 자신의 병을 있는 그대로 받아들이기까지의 포기, 자신의 부모가 자기가 생각하는 이상적인 부모가 아니라는 사실을 인정하기까지의 포기, 도박이나 알코올에서 벗어나기 위한 포기, 배우자나 연인, 자식이 자신의 뜻대로 움직이지 않는다는 사실을 받아들이는 데 필요한 포기 등 다양한 사례를 많이 접해왔다.

우리는 우리의 인생과 사회, 가족, 그리고 자기 자신을 포기하지 못한다. 항상 이랬으면, 저랬으면 하는 환상과 충돌하면서 쉽게 단념하지 못한다. 포기와 단념은 곧 자기 자신을 부정하는 것이라고 착각하고 두려워한다. 그러나 포기하지 못하는 모습을 제3자의 입장에서 보면, 아무리 원해봐야 절대로 손에 넣을 수 없는 것을 얻으려고 발버둥치는 것으로밖에는 보이지 않는다.

그러므로 어떤 시점에서 '이것은 도저히 불가능하다'고 느껴진다면 유연하게 '포기'라는 프로그램을 가동시킬 줄 알아야 한다. 이상만을 추구하다가는 그것이 사라져 없어졌을 때 E군과 같이 삶 자체를 포기하려는 프로그램이 작동할 수 있다.

포기는 현대사회에서 살아남기 위한 키워드이다. 이것이 나의 오랜 카운슬링 경험에서 얻은 결론이다. 포기 작업은 우리 인생에서 가장 어렵고 힘든 작업이다. 이제부터 포기를 좀더 구체적으로 고찰해보면서 왜 포기가 그렇게 어렵고 힘든지, 어떻게 하면 현명하게 포기할 수 있는지 해답을 찾아보자.

현대사회는
포기를 필요 이상으로
나쁘게 취급한다

포기 = 실패, 좌절, 떠밀림, 가능성의 감소?

보통 우리는 '포기'라는 말을 경멸한다. 포기가 마이너스의 이미지를 갖고 있기 때문이다. 어떤 일을 포기하면 그때부터는 그 일을 하지 않는다. 해봐야 소용없는 무의미한 일이라고 느끼기 때문이다. 계속해봐야 제대로 될 리 없다고 단정함과 동시에 강한 피로감이 몰려온다. 그러나 그것은 이성을 통해 합리적으로 판단한 것이 아니라 단지 그렇게 느끼는 것이다.

포기는 쉽게 말하면 '더 이상 힘을 쏟지 않도록 작동되는 프로그램'이다. 포기라는 프로그램이 작동하면 '지금까지 쏟아 부은 에너지(노력)가 모두 허사였어! 처음부터 다시 시작해야 해.' 하는 불안과 슬픔의 감정이 우리를 지배하게 된다. 우리는 스포츠 선수가 포기를 결심했을 때 시합이 상대방 선수의 일방적 우세로 전개되는 상황을 자주 본다. 필사적으로 노력하려고 하나 마음 한편에서 고개를 든 포기라는 녀석 때문에 집중할 수 없는 것이다. 그 결과 결국 실패하게 된다. 그리고 포기하려는 마음 때문에 시합에서 졌다는 분한 마음이 든다. 이 때문에 포기라는 감정은 노력을 중단시키고 집중을 방해하는 악마라는 이미지가 우리 마음속에 정착하게 된다.

우리의 인생 여정에서도 마찬가지다. 포기하면 더 이상의 도전을 멈추고 그것을 회피하게 된다. 그러면 그 일은 인생에서 사라지고, 그만큼 인생의 폭이 좁아졌다는 느낌에 사로잡힌다(나중에 다시 설명하겠지만, 포기하는 쪽이 의식과 에너지가 다른 곳으로 옮겨져 결과적으로 인생의 폭이 넓어지는 경우도 많다). '그렇기 때문에 포기하지 말고 끝까지 도전해야 한다. 그러면 성공한다.' 누구나 이렇게 생각한다.

자신의 실력으로는 어찌하지 못하는 상황에 이르렀을 때 우리는 포기한다. 포기할 수밖에 없기 때문이다. 그러면서 이런 일조차 해결하지 못하는 자신을 질책한다. 결국 무의식 속에 '포기 = 실패, 좌절, 떠밀림, 가능성의 감소'라는 공식이 성립된다.

팀을 짜서 어떤 일을 진행하는 경우, 한 사람이 포기하면 다른 팀원들에게 미치는 영향은 막대하다. 그렇기에 공동으로 작업하는 경우에는 더욱 더 포기하기를 망설이고 두려워한다.

반대로 '포기하지 마!'라는 말은 아름다운 메아리를 가진다. '너는 할 수 있어!'라는 말은 상대의 가능성을 믿기 때문에 건넬 수 있는 말이다. 물론 이 말에 용기를 얻어 더욱 분발하는 사람도 많다. '힘내, 포기하지 마!'라는 말이 효과를 발휘하는 경우도 분명히 있다는 말이다. 그러나 인생이 그렇게 호락호락하지만은 않다. 긴 인생에서 보면 포기해야 할 때 유연하고 과감하게 포기를 선택하는 편이 오히려 나은 경우도 많다.

과감하게 포기하자

우리 사회에서 포기는 경멸의 대상이다. 그러나 나는 감히 말하고 싶다. 과감하게 포기하자고. 포기는 우리가 생각하는 것처럼 나쁜 녀석이 아니다. 오히려 포기는 좀더 가치 있는 인생을 모색하고, 마지막까지 끈기 있게 자신에게 맞는 자신이 추구하는 삶을 살기 위해 우리가 적절히 이용해야 할 존재다. 그럼에도 우리는 포기를 부당하고 편협하게 평가함으로써 우리의 인생 자체를 편협하게 만든다. 그 결과 돌이킬 수 없는 인생을 보내는 사람도 있다.

먼저 '포기' 그 자체를 생각해보자.

포기란 무엇인가? 포기는 단순한 패배가 아니다. 그렇다면 포기에는 어떤 의미가 담겨 있을까? '노력을 멈추게 되고', '어떤 일을 지속하지 못하게 만드는(의욕이 없어져서, 밝은 미래가 보이지 않아서)', 그래서 우리가 이처럼 꺼리는 포기란 도대체 우리에게 어떤 의미를 부여하는가?

CHAPTER . 2

포기란 무엇인가?

감정 프로그램

나는 인간의 사고와 행동은 감정 프로그램의 지배를 받는다고 생각한다.

예를 들어 '불안 프로그램'이 작동하기 시작하면 이런저런 생각이 꼬리에 꼬리를 물고 이어지고 밤에는 생각에 빠져 제대로 잠을 이루지 못한다. 이것은 인간이 위험을 감지했을 때 자신을 지키기 위해 작동하는 프로그램이다. 만일의 위험에 대비하여 여러 가지 상황을 머릿속으로 시뮬레이션한다. 이것이 반복되면 불면증이 되고 생각은 끝없이 이어진다. 자신의 몸을 지키기 위한 프로그램이 작동하기 때문에 이런 현상이 나타나는 것이다.

감정 프로그램에는 이 밖에도 '놀람' '공포' '슬픔' '공황' '절망' 등 다양한 프로그램들이 있다. 이런 프로그램들은 우리의 행동에 지대한 영향을 미친다. 여기서 논하고자 하는 '포기 프로그램'도 그 중 하나다.

포기 프로그램은 에너지 절약 프로그램

● —— 포기 프로그램의 제1세대와 제2세대

인간은 한정된 에너지를 이용하여 식량을 구하고 생식활동을 한다. 살아남기 위해서는 에너지를 낭비해서는 안 된다. 그렇기에 수확이 없는 일은 빨리 포기해서 에너지를 다른 행동으로 옮기기 위한 프로그램이 필요하다. 이것이 바로 포기 프로그램이다.

곤충과 같은 하등동물을 떠올려보자.

곤충들이 좋아하는 먹이를 투명 케이스에 넣어 냄새만 풍긴다고 가정해보자. 곤충들은 투명 케이스의 주위를 돌면서 어디 들어갈 만한 곳이 없을까 하고 틈을 찾기에 분주할 것이다. 나는 동물학자가 아니기 때문에 곤충들이 언제까지 그런 행동을 계속할지는 모르겠으나, 우리 인간의 눈으로 보자면 너무나 한심하고 보람 없는 행동을 곤충들은 필사적으로 지속한다. 그 결과 귀중한 시간과 에너지를 소비하고 만다. 그러나 우리 인간들에게는 포기라는 프로그램이 있기 때문에 어느 정도 노력해보고 그것이 에너지 낭비라는 사실을 깨닫게 되면 어느 시점에선가 그 행동을 멈출 수 있다. 이처럼 당연한 결과가 예측되는 상황에서 포기는 매우 유용한 프로그램이다.

장애물을 피해 움직이는 로봇의 경우도 마찬가지다. 로봇을 움직이게 하기 위해서는 컴퓨터에 프로그램을 입력한다. 아마도 그것은 조금 전에 사례로 든 곤충들의 행동과 마찬가지로 '어떤 방향으로 움직이다가 문제가 생길 경우 자리를 이동해 다른 방향으로 전진한다'는 프로그램일 것이다. 그러다가 우연히 돌파구를 찾아내기도 한다. 이 방법대로라면 센서라는 최첨단 기구는 필요 없다. 이런 것은 70년대 장난감 수준에 지나지 않는다. 최근에 개발된 청소 로봇

포기하지 않기 프로그램
반복하는 동안
어쩌면 돌파구를
찾을 수 있을지도 몰라.
벽이 부서질 수도 있고.
그림 1

에는 이런 단순한 프로그램이 입력되어 있을지도 모른다. _그림 1

　그러나 이 프로그램은 포기 프로그램이라기보다는 '포기하지 않기' 프로그램에 가깝다. 이것은 끝까지 주변에서 돌파구를 찾거나, 같은 행동을 반복하여 그 장소를 엉망으로 만들면서까지 끝장을 보고자 한다. 그렇기 때문에 몇 번이고 도전을 거듭하는 포기하지 않기 프로그램이다. 그러나 그 주변에서 돌파구를 찾지 못한다면 언젠가는 끝을 내야 한다. 여기서 포기하지 않기 프로그램에 포기라는 작업을 추가하기 위해서는, '2,000번 해보고 안 되면 다른 쪽으로 방향을 전환한다'는 식의 지령을 입력해야 한다. 이것이 최초의 포기 프로그램이다(제1세대).

　이 프로그램은 몇 번을 반복한 뒤에 방향을 전환하느냐 하는 설정을 바꿀 수 있다. 예를 들면 어떤 로봇은 같은 행동을 500번 반복한 후 방향을 바꾸도록 되어 있지만 어떤 로봇은 4번만에 방향을 바꾼다는 식이다. 또한 방향 전환의 폭을 5센티미터로 하느냐 10미터로 하느냐 등의 설정도 경험을 토대로 바꿀 수 있다. 유전자로 물려받은 기정치(디폴트)를 개체의 경험을 통하여 바꿀 수 있는 것이다. 즉, 개체 속에서 신속한 학습기능을 획득하는 것이 포기 프로그램의 제2세대다.

　아마도 이쯤 되면 지금까지 해온 자신의 행동을 돌아보고 방향 전환을 모색하기 시작할 것이다. 앞서 말한 청소 로봇이라면 수평방향에서 벗어나 20센티미터 위로도 이동할 수 있도록 새로운 프로그램을 입력시킴으로써 계단이나 2층 청소도 가능해진다. 물론 이에 따라 로봇의 본체도 조금 변한다. 위로 올라가기 쉽도록 다리를 단 것이다. 이것이 진화다. _그림 2

　이 로봇은 충전식이다. 본체의 건전지가 다 닳을 무렵이면 혼자 충전기가 있는 곳까지 가서 충전을 한다. 그러나 어느 날 로봇이 건전지의 남은 양을 인

포기 프로그램 제1·2세대

| 그림 2 |

식하고 늘 하던 대로 충전기가 있는 곳까지 가려고 하는 바로 그때 비극이 시작된다. 사소한 실수로 문이 닫히고 마는 것이다. 로봇은 동서남북을 이리저리 왔다 갔다 했으나 금방 체력이 다하고 만다.

그래도 로봇은 재충전하면 다시 살아날 테니 그나마 다행이다. 동물이나 인간이라면 상황은 달라진다. 에너지가 얼마 남지 않은 경우에는 탈출을 위해 필요한 에너지와 남은 에너지(생존에 필요한 최소한의 에너지)를 충분히 비교하여 신중하게 자신의 행동을 결정해야 한다. 이런 미묘한 상황을 우리가 가늠할 수 있도록 도와주는 것이 '포기 프로그램'이다.

● —— 포기 프로그램의 목적과 발동조건, 효과

앞의 예에서 알 수 있듯이 포기 프로그램을 발동시키는 목적은 '(소모적인 행동을 방지함으로써) 귀중한 에너지의 낭비를 막기 위한 것'이다. 어떤 일을 할 때, 이익보다 손실이 크다면 하던 일을 과감하게 중지하고 다른 일을 위해 에너지를 아껴둔다. 이것이 포기 프로그램이다.

그렇다면 포기 프로그램을 발동시키기 위한 조건은 무엇일까? 한 마디로 요약하면 '비효율에 대한 자각'이다. 예를 들어, 열심히 했는데도 아무 소득이 없거나, 설령 소득이 있다 하더라도 자신이 소비한 시간과 노동에 비해 턱없이 모자라다고 느끼거나, 변화가 생기더라도 그것이 자신이 추구하던 것과는 관련이 없다거나 할 때 포기 프로그램이 발동된다. 그래서 우리는 아무 소득도 없는 일이나 보람을 느끼지 못하는 일, 의미 없는 일은 내팽개친다.

일단 시동이 걸리면 포기 프로그램은 우리가 더 이상 작업을 하지 못하도록 방해한다. 이를 위해 포기 프로그램이 제일 먼저 하는 일은 피로감을 느끼도록 하는 일이다. 그래서 포기 프로그램은 그것이 발동한 계기가 된 무기력

포기 프로그램 제1·2세대

| 그림 3 |

감의 강도를 높인다. 그러면 지금까지 해온 일이 갑자기 무의미하게 느껴지거나 '해봐야 소용없는' 일처럼 느껴진다.

그대로 일을 계속한다 해도 괜히 짜증만 나고 몸도 마음도 피곤해진다. 짜증은 귀중한 에너지를 헛되게 낭비하고 있을 때 나타나는 분노현상이다. 이런 변화가 결과적으로 일을 중지하게 만들고, 새로운 활동으로 눈을 돌리게 만든다. 그리고 이런 활동이 쌓이면서 다양한 환경에 적응해가기 위한 구체적인 대응력도 쌓여간다._그림 3

'그렇구나, 에너지를 효율적으로 사용하기 위해서는 비용 대비 효과가 나쁜 일을 피할 수 있는 기능이 필요하겠구나. 맞아! 포기 프로그램이 그다지 나쁘지만은 않은 거야!' 어느새 당신은 이렇게 생각하고 있을지 모른다. 실제로 포기 프로그램은 지금 당신이 생각하는 것보다 더욱 강력하게 우리의 행동에 영향을 미친다. 이제는 대뇌의 발달이 가져온 진화된 제3세대 포기 프로그램의 활동을 살펴보자.

진화된 포기 프로그램(제3세대)

미래를 예측하는 힘을 가진 인간은 에너지 절약 프로그램인 포기 프로그램을 더욱 발전시켰다. 지금까지의 제1, 2세대 포기 프로그램은 행동에 옮기고 난 후 그것이 비효율적이라고 판단되면 행동을 중지했다. 그러나 '진화된' 포기 프로그램은 자신의 능력으로 이 일을 해낼 수 있는지 없는지를 미리 '예측'한 후 실패할 확률이 높다고 판단되면 행동을 개시하지 않고 다른 일을 찾는다. 이런 진화된 포기 프로그램은 에너지의 낭비를 대폭 줄여주었고, 인류가 진화

포기 프로그램 제3세대

| 그림 4 |

경쟁에서 살아남는 데에 지대한 공헌을 했다.

예측을 위해서는 과거에 했던 비슷한 작업경험을 떠올리고(과거 기억에 대한 데이터베이스), 현재의 작업환경과 자신이 처한 상황, 도구의 유무, 동료의 유무 등 중요 요소를 따지면서 시뮬레이션을 해본다. 기억의 발달과 그에 수반되는 예측력이 포기 프로그램을 적극적으로 작동시키는 기폭제가 된다. 이것은 매우 큰 진보다. 행동하기 전에 가능성을 예측하고 에너지를 쏟을 만한 가치가 있는 일인지 아닌지를 먼저 판단하면 시행착오에 소모되는 에너지까지도 절약할 수 있기 때문이다. 누가 보아도 무모한 일에는 애초부터 도전하지 않는다. 이런 진보 덕분에 자신의 능력에 맞는 일에 필요한 에너지만을 쏟아 부을 수 있게 되었다. _그림 4

제3세대 포기 프로그램이 공헌한 바는 이것만이 아니다. 생명 진화를 위한 서바이벌게임의 열쇠는 '에너지의 보존'과 '환경의 변화에 대한 적응력'이다. 포기 프로그램은 '에너지의 헛된 낭비를 막을' 뿐 아니라 우리의 적응력을 높이는 데에도 중요한 역할을 해왔다.

어떤 일을 포기하는 것은 다른 방법을 모색하기 위해 에너지를 남겨두는 프로그램이지만, 결과적으로는 살아남기 위한 다양한 방법을 연구하고 습득하는 데 도움을 주었다. 만약 우리에게 포기라는 프로그램이 없었다면 지금까지도 원시시대의 비생산적인 방법을 고집하고 있을 것이다. 설령 그 방법이 새로운 환경에 맞지 않더라도 벗어던지기가 쉽지 않고, 우연히 새로운 방법을 찾을 때까지 기다려야 하기 때문이다.

한편 제3세대 포기 프로그램은 어떤 방법의 비용 대비 효과가 나쁘다고 판단되면 그것을 중지하고 필사적으로 다음 대안을 모색한다. 결과적으로 과거의 데이터를 토대로 새로운 방법을 제시하는 것이다. 우연히 새로운 방법을 발견하는 것이 아니라 머릿속에서 시행착오를 거쳐 대안을 찾아낸다. 비용 대비 효과가 나쁘다는 인식은 신속히 다른 개선안을 찾아내기 위해 노력하는 데 밑거름이 된다. 인간의 개선능력은 지금까지의 방법을 '포기'하는 능력(비용 대비 효과가 나쁘다고 판단한 일을 버리고 새로운 가능성에 에너지를 쏟는 작업)까지 포함한다. 그 결과 인간은 다양한 기술을 발전시키고 환경의 변화에도 적응할 수 있었다. 이런 시각에서 보면 포기 프로그램은 인류의 진화에 지대한 공헌을 해왔다는 해석도 가능하다.

현대인에게 맞는
포기 프로그램

앞에서는 진화를 거친 제3세대 포기 프로그램이 우리에게 미친 영향과 의의에 대해 설명했다. 그렇다면, 개인 중심으로 움직이는 현대를 사는 우리에게 포기 프로그램은 어떤 의미를 지닐까? 나는 이 프로그램 덕분에 우리가 '자기 자신'의 윤곽을 확실히 그릴 수 있게 되었다고 생각한다. 포기가 가능하기 때문에 다른 작업에 그만큼 더 많은 에너지를 쏟을 수 있다. 이런 과정을 반복하면서 자연스럽게 타인과 구별되는 자신만의 삶의 방식을 찾는 것이다.

요즘 카운슬링을 받기 위해 찾아오는 사람들 중에는 "내가 어떤 사람인지 모르겠다."고 말하는 사람들이 많다. 실로 정체성의 위기라 해도 과언이 아니다. 자신이 어떤 사람인지 모르겠다는 말은 좀 거칠게 표현하자면 '자신이 남과 어떻게 다르고, 어떤 특성을 지녔으며, 어떤 방법으로 사회에 공헌해야 할지 모르겠다.'는 말이다. '나라는 개체에게 사회(주변 사람들)가 무엇을 바라는지 모르겠다.'고 표현해도 좋다.

인간이 협력하여 사회를 이룬다는 관점에서 보면 사회에 필요한 개체가 되고 싶은 욕구는 '종족 보존의 욕구'와도 직결된다. 또한 어떤 분야에서 희소가치가 커질수록 사회에서 인정받고 당당하게 살 수 있는 가능성이 높아진다는 관점에서 보면 '개체 보존의 욕구'와도 연관성이 있다.

따라서 어느 정도 나이가 되어 사회적인 관계를 형성하기 시작하면 사람은 사회 속에서 자신의 역할(정체성)과 위치를 신중하게 고민하기 시작한다. 이런 정체성의 확립은 자신에게 어떤 능력이 있으며 타인과는 어떻게 다른지를 자각하는 것에서 시작된다.

우리는 다양한 일을 접하면서 성공과 실패를 반복한다. 이런 시행착오를 거치면서 자신의 능력이나 집단 속에서의 역할, 지위가 차츰 명확해진다. 역할이 결정되면 행동해야 할 방향이 서서히 눈에 보이기 시작한다. 이런 과정 속에서 차츰 타인과 다른 '나 자신'을 자각하게 된다.

그러므로 '나다운 인생'이라는 주제에는 '포기'와 '성공' 모두가 필수불가결한 요소로 자리 잡는다.

포기는 보통 부정적인 이미지를 동반하므로 포기를 거듭하면서 자신의 정체성을 확립한다는 말을 들으면 왠지 실패와 패배로 얼룩진 인생을 연상하기 쉬우나, 절대 그렇지 않다. 도전을 반복함으로써 그 결과가 축적되어 나름대로 잘하는 일과 못하는 일, 자신의 장점과 단점, 가능성과 한계가 점차 윤곽을 드러내는 것이다. 성실하게, 꾸준히 이런 작업을 반복하다 보면 자신에게 주어진 과제가 해결할 수 있는 일인지 아닌지 예측할 수 있다.

이처럼 인간이 살아남기 위해서는 경험을 쌓고 자신의 능력을 올바르게 인식해야 한다. 이때 잊어서는 안 될 중요한 사실은 자신의 가능성뿐만 아니라 한계 또한 명확히 인식해야 한다는 점이다. 자신의 한계를 인정하는 일은 누구에게나 괴로운 일이다. 그러나 이런 사실을 인식하지 못하면 에너지 낭비에 지나지 않는 작업을 피하지 못한다. 자신의 가능성을 파악하기 위해서도 어떤 일에든 도전하는 것이 중요하다. 그러면 실패와 성공을 반복하면서 자신의 한계가 어디까지인지 자연스럽게 깨닫게 된다.

도전을 거듭하는 단계에서 어떤 일(A)을 포기했다고 가정해보자. A를 포기했기 때문에 다른 일(B)에 에너지를 쏟을 수 있었다. B에 에너지를 쏟은 결과 자신이 남보다 이 일을 더 잘한다는 사실을 알았다. 그러면 더욱 노력하게 될 것이고, B를 잘하는 사람들 중에서도 자신이 어느 정도 수준인지를 가늠할 수 있게 된다. 이처럼 자신의 능력이 집단 속에서 어느 정도 위치에 있는지 파악하는 일이 중요하다. 자신의 위치와 한계를 파악함으로써 사회에서 살아남을 수 있는 최적의 길이 무엇인지, 사회에 가장 크게 공헌할 수 있고 사회에서 인정받을 수 있는 자신의 활동방법이 무엇인지 결정할 수 있기 때문이다.

축구 선수가 꿈인 소년이 있었다. 그 소년은 어렸을 때부터 축구에 관해서라면 누구에게도 지지 않을 자신이 있었다. 그러나 중학교에 입학하면서 축구부에 들어간 후, 자신은 다른 아이들에 비해 체력이 달린다는 사실을 깨달았다. 하지만 마음속으로는 자신이 있었다. 그는 또한 컴퓨터나 카메라를 잘 다루는 등 정보처리능력도 뛰어났다.

그는 중학교 2학년 가을에 선수가 아닌 매니저가 되겠다고 선언했다. 그때부터 그는 프로 선수들의 경기를 컴퓨터로 분석하여 동료들에게 이미지 트레이닝을 시키기도 하고, 시합이 있을 때는 상대편 선수들의 데이터를 분석하여 작전을 세우는 데 도움을 주는 등 팀을 위해 활약했다. 그런 그의 지식과 아이디어는 팀에게 없어서는 안 될 중요한 자료가 되었고, 동료들은 그의 지시에 따랐다. 중학교 3학년 마지막 시합 후 열린 파티에서 그는 선수들과 동등한 자격으로 모든 사람들로부터 축하인사를 받았다.

지금 그는 고등학교 2학년으로, 프로 선수들의 트레이너가 되는 꿈을 안고 산다. 그 꿈을 실현시키기 위해 체육 전문대학을 목표로 열심히 공부 중이다.

위의 사례와 같이 어떤 일에 대한 포기는 결코 패배가 아니다. 타고난 자신의 능력을 최대한 발휘하기 위한 하나의 과정에 불과하다. 그러한 포기 프로그램 덕분에 인간은 생존에 필요한 행동범위를 넓힐 수 있었고, 변화무쌍한 상황에 적절하게 대응할 수 있었다.

신이 DNA를 조작하여 각기 다른 체격과 능력, 성격을 가진 인간을 창조한 의도는 격변하는 자연환경에 인간을 적응시키기 위해서다. 따라서 모두가 획일화된 가치관에 얽매인다거나 같은 능력, 같은 목표를 가진다면 신의 섭리를 거스르는 일이다.

과감하게 포기하면 자신의 본래 모습이 더욱 선명하게 보인다. 우리가 타인과 다르다는 것은 다양성으로 지탱되는 자연의 섭리에 일치되는 자연스러운 현상이다. 그러므로 어떤 일이 잘 풀리지 않을 때, 그때를 자신의 능력을 깨닫고 인식할 수 있는 기회로 삼아야 한다. 노력이 모자라서가 아니라 '최선을 다했지만 나에게는 맞지 않아서'라면서 포기 프로그램을 발동시킬 수 있는 찬스라는 사실을 깨달아야 한다. 최선을 다하되 에너지 소모가 한계에 다다르기 전에 과감히 포기하는 용기가 필요하다.

포기는 패배가 아니다. '나는 청국장이 싫어. 그래서 안 먹어.'와 같은 식으로 단순하게 받아들이면 된다. 나에게 맞지 않는 일을 경험해본 것으로 충분하다. 그리고 그것을 토대로 '그렇다면 나에게 맞는 음식은 무엇인지 찾아보자.'는 마음가짐으로 행동에 옮긴다. 이런 과정을 반복하다 보면 어느 새인가 내 입맛에 꼭 맞는 음식을 찾을 수 있을 것이다.

포기는 소극적인 프로그램이 아니라 적극적으로 인생을 개척하기 위한 프로그램이다. (내 입에 꼭 맞는) 음식이 나타날 때까지 아무 생각 없이 기다리거나 적당히 참는 것이 아니라, '이것이 아니면 다른 것을 찾아보겠다'는, 매우 능동적인 삶의 중심이 되는 프로그램이다.

이처럼 포기 프로그램은 본래 우리 자신의 모습을 깨닫게 하고 에너지의 헛된 낭비를 막아주며 진화를 촉진시키고 집단 속에서 자신의 위치를 알게 해주는 능동적인 프로그램이다. 그러나 포기 프로그램이 가진 다양한 능력을 과소평가함으로써 변화무쌍한 현대사회에서 이 프로그램이 본래의 기능을 제대로 다하지 못하고 오히려 우리의 생활을 구차하게 만들 때가 많다. 본래 훌륭한 프로그램임에도 발동 타이밍을 제대로 맞추지 못하거나 발동 정도를 조절하지 못하는 경우도 많다. 나는 이것을 '오작동'이라고 이름 붙였다.

다음 장에서 포기 프로그램의 오작동에 대해 자세히 살펴보자.

CHAPTER . 3

포기하지 못하는 이유

포기를 그 사람이 현재 가지고 있는 에너지와 연관지어 생각해보자.

에너지가 넘칠 때는 어떤 선택을 하든 이끌고 갈 수 있는 힘이 있다. 지금까지 아무리 시간과 노력을 들여 해온 일이라도 다른 방법으로 전환하는 편이 낫다는 판단이 서면 그렇게 하면 된다. 그 방법으로도 잘되지 않는다면 또 다른 방법을 모색하면 된다. 이것저것 해보다가 원래 방법으로 돌아갈 수도 있다. 에너지가 넘칠 때는 가벼운 마음으로 포기하기도 쉽고, 최적의 방법을 찾는 데도 그다지 힘이 들지 않는다.

그러나 에너지가 고갈되기 시작하면 상황은 달라진다. 한 번 전환하기에도 벅차다. 또 한 번 실패하면 정말로 모든 에너지가 다 소진될지도 모른다. 생사가 달린 일인 것이다. 그러나 현재 상태를 유지하면 여러 가지 문제가 따르기는 해도 어떻게든 버틸 수 있다. 그러니 최후의 식량밖에 남지 않은 지금, 이것을 버리고 새로운 방법으로 전환하기가 두렵다. 고통스럽지만 어떻게든 견디면서 이대로 끌고 나가는 편이 낫다고 막연히 생각한다.

이런 상황에서 현대인은 포기 프로그램을 잘못 작동시키는 경우가 많다.

앞에서 살펴본 사례 중에는 아직 에너지가 남은 단계임에도 포기를 결심하지 못해 고통을 받는 경우가 많았다. 이것을 포기하면 마치 자기 인생 모두를 포기하는 것과 같은 고통이 따를까봐 지레 겁을 먹는다.

예를 들어, 실연을 당한 사람의 고통은 제3자의 입장에서 보면 '이 세상의 절반은 여잔데(남잔데) 뭘 그렇게 심각하게 생각해.' 하는 식으로 가볍게 생각하기 쉬우나, 실연 때문에 죽고 싶을 만큼 큰 고통을 느끼는 사람도 적지 않다. 이는 한 가지를 실패(포기)한 뒤 전부를 포기하려는 오작동에 해당한다.

한 가지 일에 실패했다고 그 사람의 인생이 끝나거나 그 사람의 인격 자체가 비난받거나 앞으로의 가능성이 물거품처럼 사라지는 것이 아님에도, 크나큰 절망을 느낀다. 그러고는 자기 스스로 '난 안 돼!'라는 도장을 찍어버린다.

그 결과 자신감과 의욕을 상실하고 색안경을 끼거나 비뚤어진 눈으로 세상을 본다. 때로는 세상을 향해 이유 없는 분풀이를 하기도 한다. 이것은 시간과 정열을 너무나 소모하는 일이다. 아직 충분히 도전할 여지가 남았는데도 한 가지 일에 실패했다고 인생 전체를 포기하는 일은 포기 오작동 중에서도 가장 심각한 오작동이다.

포기 프로그램은 살아가는 데 있어서 매우 중요한 프로그램이다. 그러나 타이밍이나 발동 계기가 어긋나면 반대로 우리 인생의 가능성 전체를 뒤흔들어버리는 크나큰 과오를 저지르기도 한다. 이런 상황을 '포기 프로그램의 오작동'이라고 부르도록 한다.

자, 그러면 지금 이 책을 읽는 당신의 경우를 보자.

당신은 지금 어떤 일을 놓고 포기해야 할지 말아야 할지 고민하고 있는가? 그렇게 고민하는데도 깨끗하게 결말짓지 못해 꺼림칙한 상황에 놓여 있는가?

왜 이런 사태에 이르렀을까? 어쩌면 포기 프로그램이 벌써부터 오작동하

기 시작했을지도 모른다. 그렇다면 먼저 왜 이렇게 포기하기가 어려운지를 생
각해보자. 오작동하게 된 원인을 정확히 파악하는 일은 오작동 방지를 위해
매우 중요한 첫걸음이다.

생명 에너지 보존의 법칙

'생명 에너지 보존의 법칙'.

이 말은 중학교 물리 시간에 배운 '에너지 보존의 법칙'을 응용하여 만든 법
칙이다. 에너지 보존의 법칙이란 물질의 상태가 변해도 전체적인 에너지에는 변
화가 없다는 말이다. 예를 들어 냄비에 물을 붓고 불 위에 올려놓는다. 물이 끓
으면 불을 끈다. 불 에너지는 뜨거운 물 에너지로 바뀌었다. 즉 '물 에너지 + 불
에너지 = 뜨거운 물 에너지'이다. 장소와 상태는 변했어도 전체적인 에너지의
양에는 변화가 없다. 이것이 물리 시간에 배운 에너지 보존의 법칙의 개략이다.

이를 본떠 명명한 '생명 에너지 보존의 법칙'은 인간은 살기 위해서 에너지
를 소모하는 일을 매우 민감하게 컨트롤한다는 의미로, 이름만 본떴을 뿐 본
래의 에너지 보존 법칙과는 차원이 다른 이야기다. 그냥 '인간은 에너지를 소
모하기를 매우 싫어하는 동물'이라고 바꿔 말해도 좋다. 에너지 보존이라는
말 자체의 어감에서 오는 이미지를 상상하며 내가 멋대로 만든 말이므로 '생
명 에너지 보존의 법칙이라는 말은 물리학적으로 오류가 있다'고 민감하게 반
응하지 않았으면 하는 바람이다.

이름은 엉성하지만 이 법칙 자체는 우리의 행동에 큰 영향을 미치는 중요한
법칙이다. 먹을 것이 차고 넘치는 현대인에게는 생명 에너지 보존이라는 말이

별로 심각하게 피부에 와 닿지 않는다. 그러나 원시인은 항상 굶주림의 공포에 시달리면서 살아야 했다. 에너지를 너무 많이 소모하면 움직이지 못해 죽을지도 모르기 때문이다. 마치 건전지를 다 소모한 청소 로봇과 같아지는 것이다.

만약 어떤 원시인이 며칠 동안 토끼 한 마리밖에 먹지 못했다고 가정해보자. 너무 오래 굶어 손가락을 움직일 기운조차 없다. 그 상태로 식량을 구하기 위해 사냥에 나섰다간 탈진해 죽기 십상이다. 이럴 때는 맛은 없지만 손쉽게 구할 수 있는 산딸기나 나무열매를 따서 먹는 편이 살아남을 확률이 높다. 이처럼 원시인에게는 에너지를 얼마나 적게 소모하느냐 하는 것이 목숨과 직결된 매우 중요한 문제였다. 그래서 귀중한 에너지를 결코 헛되이 써서는 안 된다는 강한 의지가 있었다. 이것이 '생명 에너지 보존의 법칙'이다.

이것은 생명을 가까스로 유지한 상태에서의 '바턴 터치'라고 할 수 있다. 비행기의 연료가 거의 바닥을 드러낸 상황에 비유해도 좋다. 자동차라면 도중에 연료가 떨어졌다 한들 멈추면 그만이지만, 비행기는 다르다. 연료는 곧 생명이다. 그래서 조종사는 연료가 얼마나 남았는지 항상 신경 써서 체크한다. 우리 몸에 남아 있는 에너지에 대한 위기감도 이와 같다.

식량이 넘쳐나는 현대인에게도 이 DNA는 계승되어, 굶어죽을지도 모른다는 위기감을 늘 인식한다는 데에는 변함이 없다. 아직도 불과 50여 년 전의 처참했던 시대를 기억하는 사람들이 많다. 그러나 사회가 발전하면서 그 양상이 조금씩 변하고 있다. 나는 올해로 마흔다섯 살이 되었는데, 솔직히 말해서 지금까지 굶주림을 경험해본 적은 없다. 아마 내 또래의 다른 사람들도 비슷할 것이다. 오히려 현대인들은 넘치는 에너지를 소모하기 위해 다이어트에는 관심을 쏟을지언정, 굶주림 따위를 연상하는 일은 거의 없다. 그러나 그런 우리에게도 생명 에너지 보존의 법칙은 확실하게 계승되었다. 우리의 몸은 늘 언

생명 에너지 보존의 법칙

| 그림 5 |

제 닥칠지 모를 기아사태에 대비하기 위해 쓰고 남은 에너지를 가능한 한 몸에 축적하려고 한다. 냉장고가 없던 시절, 사냥해서 잡은 고기를 에너지로 오랫동안 쓰기 위해서는 자신의 몸에 지방으로 축적하는 것이 최선의 방법이었다. 우리 몸의 이런 자연스러운 활동이 살이 찌는 원인이 된다. 그러나 현대사회는 어떤가? 살이 찌는 것은 외관상으로도 보기 싫을 뿐 아니라 건강을 해치는 주범으로 대부분 사람들의 경계 대상이다. 때에 따라 사회생활에 심각한 지장을 주기도 한다. 본래 인간이 '살아남기 위한 시스템'이었던 것이 현대인을 괴롭힌다는 사실이 얄궂게 느껴질 정도다.

생명 에너지 보존의 법칙은 우리의 신체뿐 아니라 감정이나 사고 패턴에까지 막대한 영향을 미친다. 앞에서도 말했듯이 우리는 쓸모없는 일이나 보람 없는 일을 억지로 해야 할 때 고통을 느낀다. 그 고통 또한 생명 에너지에 민감한 인간의 본성이다. 어디서 들은 이야기로는, 가장 참기 힘든 형벌은 어떤 장소에 구멍을 파고 그 일이 끝나면 다시 그 구멍을 메우는 작업을 반복해서 시키는 것이라고 한다. 이런 아무 의미도 없는 작업을 계속하는 동안 생명 에너지가 소모될 때 느끼는 공포와 분노를 느끼게 되는데, 이를 보통 사람들은 견뎌내지 못한다._그림 5

생명 에너지 보존의 법칙과
포기 프로그램의 관계

다른 사람의 행동을 관찰할 때도 생명 에너지 보존의 법칙을 무시하고서는 이해가 불가능하다. 물론 포기에 대해서도 마찬가지다.

생명 에너지 보존의 법칙은 항상 '지금은 에너지 위기상태임'이라는 지령을 내린다. 그래서 어떤 일을 포기해야 할지 계속해야 할지 결정하기가 어려우면 일단은 현재의 일을 계속하는 상태를 유지하고자 한다. 중요한 사안일수록 방향 전환에 따르는 리스크가 크기 때문이다.

또한 불안감이 그렇게 크지 않은데도 지금까지 투자한 시간과 노력이 아깝다는 생각 때문에 포기를 주저한다. 지금까지 투자한 돈과 시간을 따져볼 때, 소득도 없이 다른 일로 전환하는 것은 비용 대비 효과가 나쁘다고 판단해버리는 것이다. 이것도 현재 상황을 에너지의 위기라 느끼고 이에 대처하고자 하는 생명 에너지 보존의 법칙 탓이다. 잘 생각해보면 아직 여유가 있는데도 마음이 조급해져서 최악의 방법으로 대응하고 마는 경우가 종종 있다.

물론 생명 에너지 보존의 법칙은 인류가 살아가는 데 없어서는 안 될 중요한 법칙이다. 그것 자체만 보면 매우 합리적인 법칙이기도 하다. 그러나 현대 사회의 이곳저곳을 둘러보면 이 법칙에 얽매여 (포기해야 할 때 포기하지 못하고) 도박에 빠지거나, 주식으로 가산을 탕진하거나, 혹은 결혼 사기극에 휘말리는 경우를 심심치 않게 본다.

현대인이 포기 프로그램 가동에 실패하는 대부분의 경우는 기본적으로 이 생명 에너지 보존 법칙의 영향을 받는다고 해도 과언이 아니다. 그러나 이것만으로는 현대인의 '포기 프로그램의 오작동'에 대해 충분한 설명이 불가능하다. 우리는 타인의 일에 대해서는 깨끗하게 단념할 수 있어도 자신의 일에 대해서는 좀처럼 단념하지 못하고 얽매이는 경향이 있다. 또한 일단 시작한 일을 좀체 단념하지 못하거나 현상에 만족하지 못해, 혹은 과거에 있던 일이나 사실을 받아들이지 못해 괴로워하는 경우도 많다. 이는 모두 포기 프로그램의 오작동에서 기인한다.

이제 이런 오작동을 좀더 구체적으로 고찰해보자.

포기라는 저울 움직이기

●── 포기저울

다시 한 번 머릿속을 정리해보자. 포기 프로그램은 본질적으로 비용 대비 효과의 균형이 깨질 때 발동한다. 효과란 어떤 행동을 계속했을 때 얻을 수 있는 이익이며, 비용은 이 효과의 창출을 위해 지불하는 대가다.

예를 들어 지하수를 얻기 위해 땅을 파는 경우라면, 효과는 지하수, 비용은 땅을 파는 데 드는 시간과 돈, 노동이 된다. 지금 당장 물을 마시고 싶다. 그래서 땅을 판다. 그러나 아무리 파도 물이 나오지 않는다. 귀중한 에너지를 상당히 많이 소모하고 말았다. 더 이상 파봐야 에너지만 낭비할 뿐이다. 그것보다는 차라리 다른 작업(예를 들어 강이나 호수를 찾는다거나 다른 사람에게 물을 얻어 마시는 등)을 통해 물을 찾는 편이 낫다. 그래서 땅 파기 작업을 그만두었다._그림 6

이처럼 포기란 단순한 작업이지만, 이런 단순한 도식은 포기 프로그램의 초기 단계에만 적용된다. 진화된 포기 프로그램에서는 문제가 그리 간단하지는 않다. 행동하기 전, 또는 행동하는 도중에 항상 '향후 작업의 진척 상황'과 '자신의 능력(이미지)'을 저울의 양쪽에 올려놓고 저울질한다. 저울의 움직임을 보고 자신의 힘으로 이 작업을 해낼 수 있을까 없을까를 예측한다. 이 예측이 부정적이면 그 시점에서 작업을 중단한다. 그럼으로써, 작업을 계속하면 헛되이 소모될지 모를 에너지를 절약할 수 있다.

포기저울
효과
물
비용
땅을 파는 데
필요한 에너지
노력한다
포기한다
땅을 판다
에너지를 너무 많이 사용하면
비용 접시가 내려가면서
땅을 파는 작업을 포기한다.
그림 6

　　그러나 다른 사람의 눈에는 매우 비효율적인 작업처럼 보일지라도 본인은 자신의 능력을 믿고 할 수 있다고 느낄 뿐 아니라 그 작업에 큰 기대를 걸고 있다면 포기저울은 작동하지 않는다. 그렇다면 미래를 예측하여 포기저울을 움직이는 저울추에는 어떤 것들이 있을까?_그림 7

작업의 중대성

작업이 중대하면 중대할수록 포기저울은 움직이기 힘들다. 단순한 일이라면 금방 포기할 수 있다.

다른 수단의 유무나 달성 가능성

지금 하는 작업과 비슷한 효과를 얻을 수 있는 다른 일이 있다면 지금의 작업을 포기할 수 있다. 또한 매력적인 다른 방법이 있을 경우(방법이 간단하거나 이득이 크거나 등)에는 지금 작업을 포기하기가 쉽다.

쏟아 부은 에너지의 양과 시간

지금까지 이 작업을 위해 쏟은 에너지의 양과 시간이 많을수록 포기하기가 힘들다.

남은 에너지의 양과 시간

남은 에너지의 양과 시간이 적을수록 포기하기가 힘들어진다.

행동에 수반되는 고통

작업을 계속하는 데 수반되는 고통이 크면 클수록 포기할 가능성은 높아진다.

미래의 포기저울

옛날에는 저울에
이 두 가지 저울추밖에 없었다.

끝까지
해낼 수 있어,
꼭 해낼 거야!
남은 에너지가
얼마 없다고!
이렇게
에너지를 많이
소비했는데
여기서 멈추는
건 너무
아까워.
이건
정말 중대한
문제야.
이 방법으로
잘되면
일확천금!
(효과)
너무 힘들어!
이렇게나
에너지를
써버렸네.
(비용)
다른 방법도
있잖아.
다른 분야라면
잘할 수
있을지도 몰라.
계속 노력한다
포기한다

| 그림 7 |

소득과 보람의 크기

지금 작업을 계속할 경우 예상되는 소득과 보람이 크면 클수록 포기하기가 힘들어진다.

자신에 대한 자신감

지금 눈앞에 놓인 과제를 완수할 자신이 있다고 느끼면 포기하지 않는다. 비록 그것을 포기했을 때 불이익이 생기더라도 다른 분야에서 만회할 수 있다는 자신감이 있다면 포기하기가 쉽다.

포기 프로그램이 어딘가에서 오작동을 하는 이유는 앞의 그림에서 표현한 바와 같이 '미래의 포기저울'에 놓여 있는 저울추 때문이다. 그러므로 저울추 하나하나를 심사숙고해보면 우리가 포기하지 못하는 이유를 파악할 수 있다. 그러나 (자꾸 말에 토를 달아 미안하지만) 사태는 이보다 훨씬 심각하다. 실제로는 '고통 프로그램'과 '행복 프로그램'이 포기 프로그램 저울의 움직임에 큰 변수로 작용하기 때문이다. 다음 장에서는 '행복과 포기의 관계'에 대해 생각해보자. 최종 목표의 틀 안에서 포기가 어떤 의미를 가지는지를 이해해야 비로소 포기의 활용법을 터득할 수 있을 것이다.

CHAPTER . 4

행복과
포기의 관계

행복이란 무엇인가?

●── 인간은 언제 행복을 느끼는가?

나는 강의할 때 이런 질문을 자주 던진다.

Q. 우리는 언제 행복하다고 느낄까요?

　－먹을 때, 잘 때, 목욕할 때, 사랑하는 사람과 함께 있을 때, 선물을 받았을 때, 낚시하다 월척을 낚았을 때….

Q. 어떤 순간에 충만함을 느끼나요?

　－시험공부를 할 때, 시합을 위해 훈련을 할 때, 일이 잘 풀릴 때, 즐겁게 여행을 하고 있을 때….

Q. 마음의 충만함을 느낄 때 행복한 기분이 드나요?

　－네, 그렇습니다.

이처럼 인간은 다양한 상황에서 행복을 느끼는데, 그것을 종합해볼 때 행복은 다음의 두 가지로 크게 나눌 수 있다.

하나는 순간순간 느끼는 행복으로 '자극'이나 '쾌감'이라고도 부를 수 있다. 맛있는 음식을 먹을 때, 볼링에서 스트라이크를 했을 때, 놀이동산에서 신나게 놀 때 등 즐거움을 느낄 때 따라오는 행복이 그것이다.

또 하나는 '촉촉하게 젖어 오는 행복'이다. 겨울밤에 이불 속에 둘러앉아 가족들과 맛있는 음식을 먹으면서 함께 텔레비전을 볼 때, 일을 끝내고 동료들과 포장마차에 앉아 소주 한 잔을 기울일 때, 학교 축제를 위해 친구들과 함께 매일 밤 열심히 연습할 때 등의 경우에는 특별한 자극은 없지만 왠지 모를 충만함과 행복감에 젖는다.

인간은 언제, 왜 행복을 느낄까? 행복이라는 감정에는 어떤 의미가 있을까? 나는 오랫동안 카운슬링에 종사하면서, 내담자를 행복하게 해주기 위해서라기보다는 불행의 늪에 빠져 있는 내담자를 고통에서 조금이나마 벗어나게 해주려고 고군분투해왔다. 상담을 받으러 온 사람들의 다양한 삶을 들여다보면서 행복과 불행이라는 문제를 생각하는 동안 행복의 구조나 원리, 메커니즘을 나름대로 규명할 수 있게 되었다.

여기서는 이에 대해 이야기하고자 한다. 먼저, 앞에서 말한 '자극' 혹은 '쾌감'이라는 순간적인 행복을 다시 두 가지로 나누어 설명해보자.

● ── 고통에서 벗어나는 행복

자극과 쾌감의 행복이 가져다주는 첫 번째 유익은 고통에서 해방되는 기쁨이다. 쾌감은 항상 고통과 함께 움직인다. 그러므로 쾌감, 즉 행복을 논하기 위해서는 먼저 고통을 알아야 한다. 본론에 들어가기에 앞서 그 문제를 다시 한번 짚고 넘어가고자 한다.

고통 프로그램

인간에게는 동물적인 욕구가 있다. 인간이 목숨을 유지하기 위해서는 물과 식량이 필요하다. 안전하게 자기 몸을 뉘일 집이나 추위에 견디기 위한 의복도 필요하다. 이것은 모두 살아남기 위해 없어서는 안 될 중요한 요소다.

또한 인간에게는 이성을 갈구하고 성관계를 통해 자손을 남기려는 욕구도 있다. 동물의 몸은 DNA(유전자)를 운반하는 방주와 같은 것이라고 한다. 동물 중에는 성교 후 새끼를 낳자마자 목숨이 다하는 경우도 있다. 이렇게 보면 동물이 자신의 목숨을 지키려고 하는 것은 어찌 보면 살아남아 자손을 남기기 위해서가 아닐까?

이처럼 인간은 물과 식량, 안전과 성(性) 등 복잡하면서도 다양한 욕구를 가진 동물이지만, 유감스럽게도 인간의 몸은 하나밖에 존재하지 않는다. 그래서 신은 이런 복잡한 욕구 중에서 생명을 유지하는 데 가장 필요한 것을 적절히 선택하여 행동으로 연결시키는 기능을 인간에게 부여해야 했다. 그리고 이러한 기능은 인간의 진화와 더불어 끊임없이 진화를 거듭하고 있다. 이해를 돕기 위해 파충류를 예로 들어 설명하겠다.

신이 인간에게 부여한 메커니즘을 우리의 이해 수준에 맞추어 생각해보자. 파충류를 예로 들자면 그 메커니즘은 파충류의 뇌라는 컴퓨터에 입력된 프로그램이라고 생각할 수 있다. 나는 이 프로그램을 고통 프로그램이라고 이름 붙였다._그림 8

먼저 고통 프로그램의 기본형은 고통 프로그램의 볼륨업 기능을 이용하여 욕구를 더욱 절박하게 만드는 것이다. 고통이 커지면 욕구를 충족시키기 위해 행동을 취하게 된다. 아픔을 예로 들어보자. 아픔은 신이 주신 치료제다. 의료시설이나 약이 전혀 없던 원시시대, 만약 당신이 다리를 삐었다고 가정해보자.

고통 프로그램

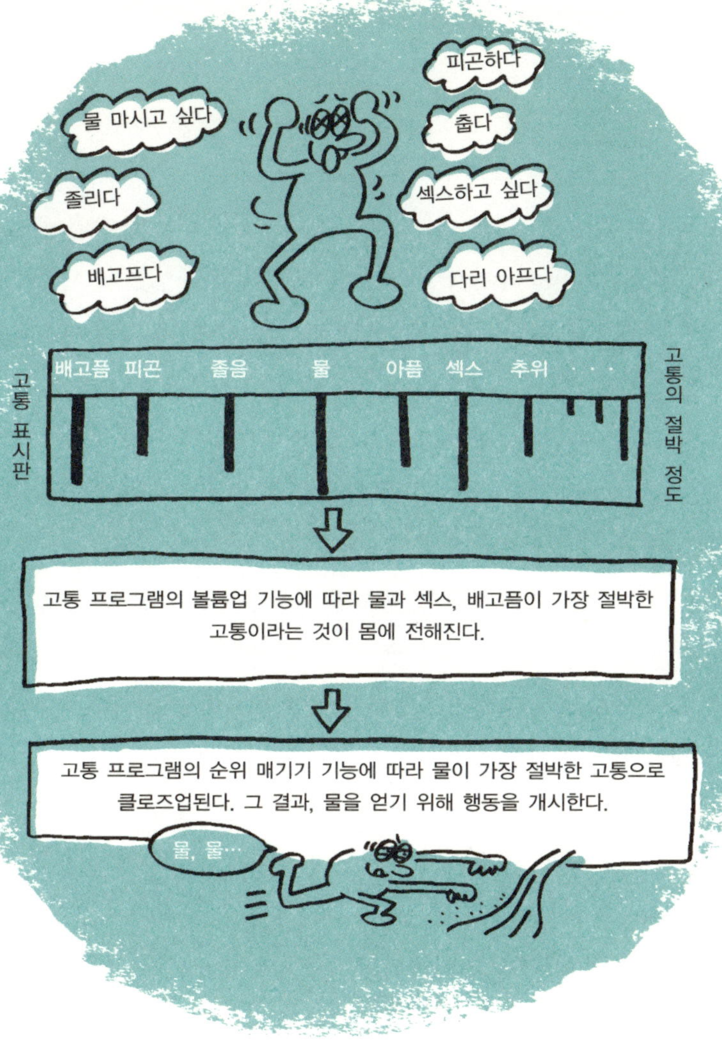

피곤하다
춥다
물 마시고 싶다
섹스하고 싶다
졸리다
배고프다
다리 아프다
고통 표시판
배고픔 피곤 졸음 물 아픔 섹스 추위 · · ·
고통의 절박 정도
고통 프로그램의 볼륨업 기능에 따라 물과 섹스, 배고픔이 가장 절박한 고통이라는 것이 몸에 전해진다.
고통 프로그램의 순위 매기기 기능에 따라 물이 가장 절박한 고통으로 클로즈업된다. 그 결과, 물을 얻기 위해 행동을 개시한다.
물, 물…

| 그림 8 |

지금이라면 깁스를 하여 다친 부위를 움직이지 못하게 고정하면 된다. 그러나 원시시대라면? 다행히 신은 인간에게 아픔을 주었다. 가만히 움직이지 않고 놔두면 한 달 뒤쯤 자연히 낫는다는 사실을 모르는 원시인에게 신은 아픔이라는 강력한 치료제를 준 것이다. 움직이면 당연히 통증이 온다. 그러므로 움직이지 않는다. 단순하다. 그리고 통증이 멎으면 다시 움직이는 것이다.

부상의 정도가 크면 클수록 절대로 움직이지 못하도록 고통도 커진다. 부상 정도에 따라 고통도 딱 그만큼이다.

원시시대에는 붕대를 감고 누워 있으면 밥까지 가져다주는 병원이 있을 리 없었다. 다쳤어도 움직일 수 있는 범위 안에서 움직이지 않으면 목숨이 위협받는다. 이 부상의 정도와 움직일 수 있는 범위를 자연스럽게 조절해주는 것이 바로 '통증'이다.

다른 고통 또한 이런 통증과 마찬가지다.

통증과 마찬가지로 그 욕구가 커지면(생명 유지에 중대한 영향을 미치는 영역 안에 들어가면) 고통도 커진다. 그래서 하나밖에 없는 몸을 움직여 그 욕구를 채우기 위한 행동을 개시한다. 이해하기 쉬운 예로, 수분을 섭취하지 못해 몸이 위험한 지경에 이르면 물을 구하기 위해 자연히 몸을 움직인다.

지극히 당연하게 느껴지겠지만 이것은 매우 중요한 기능이다. 만약 이 고통 프로그램의 볼륨업 기능이 없다면 우리는 자신의 내부에서 일어나는 심각한 사태를 감지하지 못한다. 고통은 생명 유지나 생식에 필요한 모든 요소를 항상 감시하면서 사태를 감지하고, 그것을 우리에게 알려주어 행동하게끔 만드는 시스템이다.

일본 후쿠이현의 원자력발전소에서 몇 년 전에 파이프가 터지는 큰 사고가 난 적이 있다. 점검을 소홀히 한 것이 원인이었다고 한다. 만약 이 원자력 발전소에 고통 프로그램이 있었다면, 점검과 관계없이 파이프 내부가 침식되고 있다는 이상(고통)을 감지하고 스스로 활동을 조절했을 것이다. 고통 프로그램이란 이렇게 중요한 역할을 한다.

앞에서도 말했듯이 동물은 복잡한 욕구를 가지고 있다. 때에 따라서는, 원시시대에는 항상 그랬으리라 추측되지만, 여러 가지 절박한 욕구가 한꺼번에 몰려들기도 한다. 예를 들어 며칠째 굶은 와중에 갈증으로 목이 탄다. 이런 상황에서 매력적인 이성이 눈앞에 나타난다. 그런데 여기는 예전에 곰에게 습격당한 경험이 있는 깊은 숲이다…. 이런 식이다.

욕구는 넘치지만 불행히도 우리 몸은 하나밖에 없다. 여러 가지 욕구가 한꺼번에 용솟음치지만 행동할 수 있는 몸은 하나밖에 없다는 현실을 마주한 이상, 고통이 큰 순서대로 욕구를 해결해야 한다. 이것이 고통의 순위 매기기 기능이다. 순위가 정해지면 가장 순위가 높은 것부터 하나씩 욕구를 해결해가면 된다. 이것은 매우 훌륭한 프로그램이다.

만약 아톰과 같은 로봇을 만들어 자급자족 시스템을 짜 넣으려면 제일 먼저 이 고통 프로그램을 입력시켜야 한다. 만화 속에서 아톰은 감정적인 갈등으로 늘 고통을 겪는다. 그러나 자급자족하려면 감정 프로그램에 앞서 에너지가 소모되는 고통, 몸의 일부분이 망가지는 고통, 기계가 작동하지 않는 환경을 극복해야 하는 고통 등이 먼저 프로그램화되어야 할 것이다.

고통에서 벗어날 때 느끼는 행복의 특징

다시 행복이라는 테마로 돌아가자.

고통에서 벗어날 때 느끼는 행복에는 세 가지 특징이 있다.

고통이 없으면 쾌감도 없다

쾌감은 고통과 짝을 이룬다고 앞에서 말했다.

쾌감은 고통 프로그램의 '부족한 욕구를 우리 몸에 전달함으로써 행동을 일으킨다'는 기본 기능과 관계가 있다. 어떤 욕구가 채워지지 않을 때는 고통을, 욕구가 채워지는 순간에는 쾌감을 느낀다. 고통과 쾌감이 협력함으로써 행동을 조절하기가 쉬워진다.

또한 쾌감은 '기억 보존'의 역할도 한다. 만족스럽게 욕구가 충족되면 그 장소를 기억하거나 상대방을 기억하거나 또는 그 방법을 기억하곤 한다. 고통을 보완하는 숙명을 안고 태어난 쾌감은 고통과 함께 움직일 때 비로소 의미를 가진다. 고통과 쾌감의 낙차가 강조되었을 때 쾌감도 배가 된다.

욕구를 충족시키지 못하는 시간이 길면 길수록 충족되었을 때의 쾌감은 커진다. 배고플 때 먹는 주먹밥은 특별히 맛있는 법이다. 갈증이 극에 달했을 때 마시는 물처럼 단 것이 또 있을까? 땀에 흠뻑 젖고 난 뒤 시원하게 들이키는 맥주의 그 짜릿한 맛이란! (건강에는 좋지 않지만.)

그러나 이런 행복에는 한 가지 한계가 따른다. 욕구가 간단히 해결되는 환경에서는 고통도 적을 뿐 아니라 만족감(행복)도 그만큼 줄어든다는 사실이다. 쾌감의 한계상태라고도 할 수 있다.

사는 데 지장이 없는 수준(이것을 기본선이라고 부르자)이 넘으면 이런 현상이 생긴다. 생명 유지를 위한 최저 수준 이하에 놓여 있다면 그 상황에서 탈출함으로써 극적인 쾌감을 느낀다. 그러나 처음부터 기본선 이상인 경우에는 욕구가 채워져도 그렇게 큰 쾌감을 느끼지 못한다. 살고 죽는 문제와 관련이 없기 때문이다. 예를 들어 바깥 온도가 영하인 날에는 실내 온도가 영상 10도만 되어도 천국이라고 느낀다. 그러나 바깥 온도가 영상 10도인 경우에는 실내의 온도가 15도라고 해도 그다지 고맙게 느껴지지 않는다.

쉽게 말해 쾌감은 처음부터 별 고통 없이 살아온 사람은 느끼기 힘들다는 특징이 있다.

반복되지 않으면 쾌감은 금방 사라진다

이 특징은 쾌감과 불쾌감의 지속 시간의 차이에서도 나타난다.

가령 우리가 온도와 습도가 너무 높거나(혹은 낮거나), 맹수가 가까이에 있거나, 위험한 가스가 가득 찬 곳처럼 생명을 유지하는 데 부적절한 환경에 놓여 있다고 가정해보자.

그곳에서 벗어나게 하기 위해 고통 프로그램은 우리가 그런 환경에 있는 동안 계속해서 고통을 준다. 이대로 가다가는 죽을지도 모르니 빨리 다른 곳으로 도망가라고 우리에게 알려주는 것이다.

이번에는 우리가 안전한 곳으로 이동했다고 가정해보자. 그러면 그 순간 고통은 사라지고 쾌감을 느낀다. 안전한 환경에 놓이면 그곳에서 움직일 필요가 없다. 움직일 필요가 없기 때문에 지령을 내릴 필요도 없다. 그러므로 쾌감은 금방 사라지고 만다(쾌감을 느끼는 데에도 에너지가 필요하기 때문에 '쾌감 시스템'도 불필요한 활동을 피하려고 한다)._그림 9

그러므로 고통을 벗어났을 때의 쾌감을 계속 느끼려면 항상 욕구를 충족시키는 행위가 이어져야 한다. '배가 고프다(고통) → 먹는다(쾌감) → 배가 고프다(고통) → 먹는다(쾌감)'처럼 멈추지 말고 반복해야 한다.

그런데 여기서 또 하나의 난관에 부딪친다. 식욕과 같이 고통이 필연적으로 찾아오는 욕구라면 쾌감을 얻기 위한 행동 또한 간단하다. 그러나 온도는 어떨까? 우리는 난로가 있는 따뜻한 방에 들어가면 따뜻함에 금방 익숙해진

반복되지 않으면 쾌감은 사라진다

| 그림 9 |

다. 쾌감 또한 금방 사라지고 그곳에 있는 동안은 쾌감을 느끼지 못한다. 그러다가 볼 일이 있어 밖에 나갔다 들어오면 '우와, 정말 따뜻하다!'라고 다시 쾌감을 느낀다. 이런 쾌감을 계속 느끼고 싶다면 일정한 간격으로 밖에 나가 고통을 맛보고 다시 들어오는 작업을 반복해야 하는 것이다.

불쾌감에서 벗어나지 않으면 쾌감은 감소한다

이것은 '기대 프로그램'과 관계가 있다. 기대 프로그램은 우연히 생명을 위협하는 환경에서 벗어나 쾌감을 느꼈을 때, 다음에도 비슷한 일이 생길 수 있다는 사실을 기억하는 프로그램이다. 어떤 일을 할 때의 기대치, 암묵적인 목표라고 해도 좋다.

일단 어떤 쾌감을 맛본 후에는 그 다음에 비슷한 상황에 놓이더라도 처음과 같은 수준의 만족감을 느끼지 못한다. 비슷하거나 그보다 못한 자극이라면 오히려 불쾌감을 느끼기까지 한다. 맥주도 첫 모금이 제일 맛있지 않은가?

어떤 비영리조직의 자원봉사자가 난민을 지원하러 갔을 때의 일이다. 난민 어린이에게 자기가 가지고 있던 주스를 주려고 하자 현지에서 오랫동안 활동해온 사람이 "이 아이들은 한 번도 주스를 마셔본 적이 없는 아이들입니다. 주스 맛을 알고 나면 배급으로 주어지는 물이 맛없게 느껴질지도 몰라요. 이 아이에게 그것은 행복이 아닙니다. 그러니까 주스 같은 건 주지 마세요."라면서 말렸다고 한다. 자원봉사자는 그 말을 듣는 순간 매우 부끄러웠다.

이 일화는 '고통에서 벗어났을 때의 행복'의 특징을 알기 쉽게 설명해준다. 만약 우리가 이런 종류의 쾌감을 계속 느끼고 싶다면 항상 불쾌감을 개선하고 거기에서 벗어나야 한다. 그렇지 않으면 쾌감은 금방 사라지고 만다.

지금까지 살펴본 세 가지 특징은 기본선 이상으로 생활수준을 높이기 위해 짜인 프로그램이다. 이 세 가지 특징을 바탕에 깔고 쾌감을 추구하기 위해 전력을 다하는 동안 우리는 생명의 위협을 느끼지 않는 안전한 생활을 할 수 있게 된다. 기본선 이상이란 긴박한 고통이 없는 수준을 의미하며, 신이 인간을 창조한 때부터 인류가 늘 추구해온 목표다.

그렇다면 기본선을 넘었다고 해서 그것으로 끝일까?

인간이 만물의 영장으로 불리는 이유는 기본선을 넘는 것에 만족하지 못하는 기질을 신에게서 부여받았기 때문이다. 배고픔의 고통이 사라지고 쾌적한 환경이 계속되어도 인간은 이에 만족하지 못했다. 인간은 사냥한 먹이를 먹고는 그저 낮잠에 빠져드는 다른 동물과는 달리 고통에서 벗어나는 행복을 느끼기 위해 쾌감과 고통을 반복적으로 사용했다. 그러므로 우리 인간은 기본선을 넘어도 계속 쾌감과 고통에 조종당한다. 그것이 자극과 쾌감의 두 번째 항목인 '자극적인 생활에서 오는 행복'이다.

●── 자극적인 생활에서 오는 행복

앞에서 말한 바와 같이 생활이 안정되고 기본적인 욕구가 충족되면 인간은 고통에서 벗어나는 기쁨에 둔해진다. 이럴 때 인간이 그 다음 단계에서 추구하는 것은 자극 그 자체가 되는 경우가 많다. 자극은 음악, 독서, 영화, 연애, 스포츠, 도박, 게임, 섹스, 마약, 범죄 등 범위가 넓다. 행위 자체가 자극적인 경우도 있고, 행위를 통해 타인에게 자극(칭찬이나 보수)을 받는 경우도 있다. 어쨌든 이런 것들은 살기 위한 욕구와는 그다지 관계가 없다.

그렇다면 이런 자극은 어떤 메커니즘으로 우리에게 행복의 감정을 전달하는가? 인간은 왜 자극을 추구하는가?

인간의 감정 중에는 '흥미 프로그램'이 있다. 인간은 변화무쌍한 환경 속에서 스스로 여러 가지 방법을 활용해가며 수많은 난관을 극복해왔다. 그 원동력이 된 것이 바로 흥미 프로그램이다. 자신의 안전에 어느 정도 여유가 생겼을 때 인간에게는 환경을 극복하려는 욕구가 생긴다. 이것은 자신의 생활환경을 조금이라도 개선하려는 욕구다. 즉, 인간에게는 복잡하거나 새로운 작업, 위험을 추구하는 성질이 프로그래밍되어 있다. 만약 당신이 아무 변화도 자극도 없는 지루한 일상을 보내고 있다면 새로운 일이 하고 싶어 안달이 날 것이다. 이럴 때 흥미 프로그램이 새로운 일을 시작하라는 지령을 내린다. 그러면 현재의 익숙한 환경과 자극에 만족하지 못하고 새로운 자극을 추구하고자 하는 욕구를 느낀다. 동시에 지금까지의 자극이 '시시하게' 느껴진다. 심한 경우에는 불쾌감마저 느낀다.

인간은 항상 무언가를 하지 않으면 불안을 느끼는 동물이다. 언제나 색다르고 어렵고 위험한 자극을 원한다. 위험한 등산이나 번지 점프, 스턴트 액션 등을 즐기는 사람들에게는 이런 흥미 프로그램 중에서 짜릿한 위험을 견딜 때 쾌감을 많이 느끼도록 프로그램이 입력되었는지도 모른다.

어쨌든 아무 할 일도 없는 상태는 인간에게 견디기 힘든 고통을 준다. 각국의 평화유지군들이 겪는 가장 큰 고통은 이런 지루함이라고 한다. 파견될 당시에는 매스컴이나 국민의 관심이 높아 보람을 느낀다. 그러나 시간이 지날수록 그런 관심도 줄어들고 현지에서도 매일 똑같은 일상이 반복된다. 가슴 벅찬 사명감을 안고 위험을 무릅쓰고 사지에 왔건만, 어제가 오늘 같고 오늘이 어제 같다. 이런 현실이 병사들을 지치게 만든다고 한다.

우리 생활 속에서도 이런 '지루함' 때문에 행복이 줄어드는 경우가 종종 있다. 행복을 느끼지만 매일 매일이 똑같다. 이것이 인간에게 고통이 되어 돌아오기도 한다.

　예를 들어 매일 좋아하는 일만 하면서 지내는 사람이 있다. 생활에 필요한 돈은 이 아르바이트 저 아르바이트를 전전하며 대충 수지를 맞춘다. 그는 하고 싶을 때 하고 싶은 일을 한다. 그러나 이런 사람의 행복 수치는 시간이 갈수록 조금씩 줄어들게 마련이다. 다른 사람이 부러워할 만큼 '마음 내키는 대로, 하고 싶은 대로 하면서' 살고 있지만, 정작 본인은 '내 인생이 정말 이대로 괜찮은 걸까? 내가 지금 뭘 위해 사는 거지?' 하는 심각한 고민을 안고 있는 경우가 적지 않다.

진화된
행복 프로그램

행복한 순간의 충만함을 한번 떠올려보자.

　수험생 시절은 누구에게나 힘들고 고달프다. 그러나 시험에 합격하고 시간이 조금 흐르면 왠지 그 시절이 그립고 그 시절만큼 마음의 충만함을 느낀 때가 없었다는 생각이 들곤 한다.

　'언젠가 프로야구선수가 되겠다'는 꿈을 안고 매일 밤늦게까지 투구 연습을 하던 날들. 콩쿠르에서 입상하기 위해 식음을 전폐하고 피아노를 치던 시절. 방과 후 친구들과 서로 속마음을 털어놓으며 수다를 떨던 시간….

　이런 소소한 행복이 촉촉이 젖어드는 행복이다. 이런 행복은 '행복 프로그램'이 전해준다. 앞 장의 고통 프로그램을 설명하면서 고통과 짝을 이루어 욕구를 충족시키는 쾌감에 대해 설명했다. 여기서 쾌감을 전해주는 역할을 하는 것이 바로 행복 프로그램이다. 촉촉이 젖어드는 행복은 이런 행복 프로그램의 진화된 버전이다. 고통과 짝을 이루며 행복하다는 느낌을 전하는 쾌감은 앞에서 말한 바와 같이 '현재'의 상태를 반영한다. 그러나 진화된 행복 프로그램의 중심은 '미래'에 있다. 예측 능력 덕분에 포기 프로그램이 진화를 거듭한 것처럼 행복 프로그램도 진화된 것이다.

예를 들어 원시인이 물과 식량, 안전과 이성(異姓)을 추구한다고 가정해보자. '현재'가 중심이 되는 고통 프로그램에서는 그때그때 상황에 직면한 가장 절박한 욕구부터 해결해 나갔다. 그렇기 때문에 욕구가 전부 충족되지 못하는 경우도 많았다. 이것은 그다지 효율적인 시스템이 아니다.

그러나 진화된 행복 프로그램은 미래를 예측하고 계획을 세운다. 먼저 A를 해결하고 다음에 B를, 그 다음에 C를, 마지막에 D를 해결한다. 이런 식으로 하나밖에 없는 몸을 어떻게 효율적으로 운용해야 다양한 욕구를 충족시킬 수 있을지 미리 생각한다. 이와 함께 단순하게 스케줄을 짜는 범위를 넘어 자신이 해결할 수 있는 문제인지 아닌지를 판단한다.

진화된 행복 프로그램은 어떤 식으로 해결을 하겠다는 계획을 세우고 '해결할 수 있는지 없는지'를 가늠해본 후 가능하다고 판단될 때 비로소 실행에 옮긴다. 계획과 가능성이 합쳐졌을 때 성공할 확률이 높아지고, 이럴 때 인간은 행복을 느낀다._그림 10

이런 행복은 욕구가 채워졌음을 그 순간에 바로 느끼는 것이 아니므로 자극이나 쾌감과 같이 강렬한 느낌은 아니다. 말 그대로 '촉촉이 젖어드는' 행복이다. 이런 행복은 계획과 가능성에 대한 인식이 바뀌지 않는 한 안심감이라는 쾌감을 동반한다. 그리고 이런 감정은 일이 순조롭게 진행되고 있다는 느낌이 들 때마다 지속적으로 쾌감을 전해준다.

행복 프로그램의 진화

| 그림 10 |

예를 들어 원시인이 사슴을 잡았다고 가정해보자. 지금은 사슴 고기를 잔뜩 먹어 배가 부르다. 그러나 그 시절에 냉장고 따위가 존재했을 리 없으므로 고기는 하루 이틀 만에 썩어버리고 만다. 즉, 사슴을 먹었다는 사실은 오늘 현재를 무사히 넘겼다는 의미로는 해석되지만 앞으로도 그럴 것이라는 미래를 보장하지는 않는다.

이에 비해 사슴 무리의 서식지를 발견했다든가 훌륭한 사냥도구를 손에 넣었다든가 부락의 인구가 늘었다든가 하는 성과는 앞으로 사슴을 많이 잡을 수 있는 확률이 높아졌다는 사실을 의미한다. 사슴 사냥이라는 계획과 가능성을 인지하고 지금의 행동이 앞으로의 계획과 가능성을 더욱 높인다는 자각이 들 때, 원시인의 마음속에는 희망과 안심감, 그리고 자신감이 생겨난다. 이것이 바로 '촉촉이 젖어드는 행복'이다.

앞에서 언급한 사례와 같이 당시에는 괴로웠으나 나중에 그 시간을 돌이켜 보면서 그 시절이야말로 충만함으로 가득했던 시절이었다고, 그 시절의 자신은 정말로 생동감과 활기에 넘쳤었다고 회상하는 것은 이런 행복 프로그램이 작용하기 때문이다.

여러분들이 경험했던 바와 같이 그럴 때 작용하는 행복 프로그램은 물리적인 욕구의 충족 여부와 별로 상관이 없다. 지금은 대부호가 된 사람이 옛날 가난했던 시절을 회상하면서 그 시절이 훨씬 더 충만한 인생이었다고 말하는 경우를 종종 접하지 않는가?

행복 프로그램이 전해주는 촉촉이 젖어드는 행복의 순간적인 쾌감 강도는 자극적인 쾌감에 비할 바가 못 되지만, 그 지속성과 강한 여운은 우리의 행동을 크게 지배한다. 특히 기본선 이상에 있는 사람들에게 미치는 영향은 지대하다. 예를 들어 사랑하는 사람과 함께 있는 시간이 충만함으로 넘칠 때 너무나 행복한 나머지 두렵다는 느낌이 들 때가 있다. 이것은 지금 행복을 느끼는 만큼 미래에 대한 불안이 크다는 것을 의미한다. 여행 자체보다 여행에 앞서 이것저것 계획을 세우고 상상할 때가 더욱 행복하다. 집이나 차를 살 때도 사고 난 후보다 사기 전에 이걸로 할까 저걸로 할까 고민할 때가 더 즐거운 법이다. 이것도 현재보다 미래의 행복이나 불안에 크게 영향을 받는 인간의 습성 때문이다.

이런 관점에서 본다면 인간이 도박에 중독되는 것도 이해가 간다. 도박을 할 때에는 머릿속이 온통 돈 딸 생각으로만 가득 차 있다. 이성적이고 장기적인 손익계산은 차치하고, 슬롯머신 앞에서 흥분하는 사람의 머릿속에는 계획(계속 하면 돈을 딸 수 있다)과 가능성(나도 딸 수 있다)이 겸비된 상태에서 행복 프로그램이 작동하고 있다. 게다가 스릴까지 한 몫 거들기 때문에 쉽게 질리지도 않는다.

슬롯머신 같은 도박을 즐기지 않는 나로서는 귀중한 시간을 소음과 담배냄새 속에서 보내는 것은 시간 낭비라는 생각이 들지만, 그 앞에 앉아 있는 사람들에게는 나름대로 의미 있고 충만한 시간이다. 그렇기 때문에 그들은 슬롯머신을 그만두지 못하는 것이다.

현대사회에서는
행복을 느끼기 어렵다?

우리 현대인들의 생활은 매우 풍요로워졌다. 생명을 위협하는 위험도 거의 없다. 교통과 통신의 발달로 생활은 더욱 편리해졌으며, 다소 빈부의 차이는 있을지언정 끼니를 걱정하는 사람은 많지 않다.

그러나 아이러니하게도 이런 축복받은 환경은 지금까지 살펴본 행복의 관점에서 보자면 실은 그다지 '축복받지 못한' 환경이다. 다시 말해, 우리 사회가 객관적으로는 풍족하고 행복한 사회일지 몰라도 정작 현대인들은 행복을 느끼기 어려운 환경 속에서 살고 있다는 말이다.

먹고 살기가 힘든 시대에는 '먹는' 일, 다시 말해 배고픔의 고통에서 벗어날 때 느끼는 쾌감이 컸다. 고통에서 벗어났을 때 느끼는 쾌감은 주로 고통 프로그램이 담당한다. 이런 쾌감은 일시적이기는 하나 매우 강렬하다. 전쟁 중의 고통을 아는 사람은 수제비 맛을 잊지 못한다. 그 시대를 살아온 사람이라면 '배곯는 서러움만큼 서러운 일도 없다'는 말에 절로 고개가 끄덕여진다.

먹고 사는 문제가 해결되기 시작한 이후에는 안락한 보금자리에 대한 욕구가 커지기 시작했다. 사회의 급속한 발전으로 전자제품이 보급됨으로써 노동력은 줄었고, 이는 그 시대 사람들에게 쾌감을 주었다. 또한 시대가 점점 변할수록 사람들은 힘겨운 중노동에서 점차 해방되었다.

개인 차원에서 보더라도 어느 정도 나이가 되면 가정을 꾸리고 직장에서도 점차 자리를 잡아 안정된 지위를 얻었다. 급여도 오르고 승진도 하면서 노후에는 가족들과 함께 남은 인생을 여유롭게 보냈다. 대개의 사람들은 나이가 들면서 노동에서 차츰 해방되었다.

즉, 사회 전체로서도 개인으로서도 노동과 고통이 조금씩 줄어드는 과정이었기 때문에 고통에서 벗어날 때 느끼는 쾌감을 느끼기 쉬운 시대였다. 기본선 이하의 환경에서, 쾌적하고 편리한 기본선 이상의 환경으로 꾸준히 올라갔다. 고통에서 벗어나는 행복을 느끼기에 충분한 조건을 모두 갖춘, 역사적으로 보더라도 전례가 없는 축복받은(행복을 느끼기 쉬운) 시대였다.

그러나 현대사회는 어떤가?

모두가 더욱 편한 생활을 영위하기 위해 열심히 노력한 결과 지금은 기본적인 고통에서 상당히 해방되었다고 말해도 좋을 만큼 풍족한 사회가 되었다. 기본선을 훌쩍 넘어선 것이다. 더우면 에어컨, 추우면 히터, 주택은 더욱 쾌적하고 편리한 공간으로 하루가 다르게 발전을 거듭했다. 옛날에는 식량 모으기가 중노동이었으나, 지금은 슈퍼마켓에 가면 모든 식량 준비가 한꺼번에 해결된다. 요리는 즉석식품을 전자레인지에 돌리기만 하면 그만이다. 빨래나 청소는 기계가 다 알아서 해준다. 치안도 안전한 편이다. 의료산업도 눈부시게 발전하여 병에 걸렸다고 미리 쓸데없이 걱정할 필요도 없어졌다.

이해를 돕기 위해 고통으로부터 벗어나는 조건에 관점을 두고 생각해보자.

예전의 사회에서는 식량 사정이 여의치 않았기 때문에 '매일 먹을 수 있다'는 사실만으로도 행복을 느꼈다. 이것은 기본선 이하의 수준에서 반복적으로 경험하는 행복으로, 먹을 수 있다는 데서 오는 쾌감은 강렬한 것이었다.

그러나 현대사회에서는 이런 일이 당연시되고 있다. 먹는 것으로 쾌감을 얻기 위해서는 끊임없이 맛있는 음식점을 찾아다녀야 한다. 불과 반세기만에 이루어진 상황이라고는 믿겨지지 않을 만큼 현대사회는 음식으로 섭취한 에너지를 스포츠나 다이어트를 통해 소모해야 하는 시대가 되었다.

성장의 관점에서 보아도 현대사회의 미래는 그다지 밝지 않다. 연공서열이 무너지고 성과급제도가 도입되면서 나이가 들수록 고생이 줄어들기는커녕 늘어나는 환경이 되었기 때문이다. 연금이나 사회보장 등의 문제도 심각하여 앞으로 자신의 인생이 더욱 풍요로워질 것이라는 환상은 딴 세상 이야기가 되었다.

그렇다면 흥미 프로그램을 통해 느끼는 행복은 어떨까? 기본선을 넘기고도 자극적인 생활을 계속하면 행복을 느낄 수 있다. 우리 주변은 자극으로 넘쳐난다. 이런 자극을 활용하여 새로운 행복의 활로를 개척할 수 있지 않을까?

그러나 유감스럽게도 흥미 프로그램은 프로그램 자체에 '계속 변화할 것'이라는 전제조건이 붙는다. 즉, 항상 새로운 자극을 추구하지 않으면 행복을 느끼지 못하는 시스템이다. 따라서 우리가 추구하는 자극 또한 그 강도가 점차 높아졌다. 자극을 향한 욕구는 일정 선에서 멈추지 않는다. 계속 자극을 찾아 동분서주해야 한다. 이것은 소중한 에너지를 소모하는 작업이다.

다시 말해, 현대인은 쾌감과 자극에서 오는 행복을 느끼기 힘든 시대를 살고 있다. 그렇다고 현대인들이 늘 욕구불만에 싸여 행복을 느낄 수 없다는 말은 아니다. 촉촉이 젖어드는 행복을 맛보게 해주는 진화된 행복 프로그램을 작동시킨다면 항상 행복을 느낄 수 있다.

그러나 이런 행복도 점차 줄어드는 경향이 있다. 왠지 모르게 미래가 불안하고 사람이 싫고 사는 보람도 느끼지 못하고 삶의 긴장감도 없다. 그저 의미 없이 숨을 쉬고 있을 뿐이다. 자신은 사회에서 별로 필요치 않은 존재라고 느끼며 괴로워한다. 이럴 때는 행복을 느낄 수 없다. 비록 자극적인 생활을 하면서 일시적인 쾌감을 느끼기는 하나, 마음을 촉촉이 적셔주는 이런 행복이 줄어들기 시작하면 안정된 삶도 조금씩 흔들리고 만다.

시내에서 친구들과 삼삼오오 모여 수다를 떠는 즐거운 모습의 청소년들 중에는 우울증으로 고통 받는 아이들이 많다고 한다. 자살충동에도 자주 시달린다고 한다. 그들의 생활을 들춰보면 살기 위한 고생 따위는 찾아볼 수 없다. 주위는 자극으로 넘쳐난다. 그러나 마음은 늘 불안으로 가득 차 있고, 이유 없이 두렵고 자신감도 없다. 그렇기에 일순간의 쾌락에 집착한다.

이런 경향은 젊은이들 사이에서만 나타나는 것이 아니다. 현대를 살아가는 우리 모두를 향해 엄습해오는 적이다. 그래서 현대인이 행복을 느끼기 위해서는 자극적인 쾌감이 아니라 촉촉이 젖어드는 행복을 추구해야 한다.

이것이 이 책의 테마인 포기 프로그램과 어떤 관계가 있는지 생각해볼 문제다. 진화된 행복 프로그램이 제대로 작동하는지 안 하는지는 포기 프로그램에 달려 있다. 포기 프로그램이 오작동하면 우리가 추구하는 행복 또한 줄어들기 때문이다.

다음으로는 행복 프로그램의 중요한 요소인 '목표'와 포기의 관계에 대해 생각해보자.

꿈과 포기

이 제목만을 보고 '꿈을 포기하라고 주장하는 것인가?' 하고 생각하는 사람이 있을지도 모르겠다. 만약 내가 그런 주장을 펼친다면 여기저기서 쏟아지는 비난의 화살을 감수해야 할 것이다. 인간은 꿈이 있기 때문에 이런 살벌한 사회에서도 살아갈 수 있는 것이다. 나는 "꿈을 갖지 마라."가 아니라 "꿈에 사로잡히지 마라."라고 말하고 싶은 것이다.

그러기 위해서는 먼저 우리의 행동과 꿈(목표)의 관계를 명확히 해둘 필요가 있다. 우리 마음속에 무의식중에 존재하는 꿈이나 목표가 우리의 행동을 제약하는 경우가 많기 때문이다. 이루지 못할 꿈이나 목표를 좇느라 인생의 귀중한 시간과 에너지를 낭비하는 사람들이 많다. 나는 그런 사례들을 수도 없이 보았다. 가능성 없는 꿈을 접고 현실적으로 실현 가능한 꿈을 추구하며 인생을 보내는 쪽이 훨씬 행복하다.

그런데 목표가 우리의 행동을 지배한다는 말을 개념적으로는 이해한다고 해도 현실적으로는 와 닿지 않는 경우가 있다. 예를 들어 배고픔에 허덕이는 사람이 먹을 것을 갈구하거나 목마른 사람이 애타게 물을 구하는 행동에서는 음식과 물이 목표라는 사실을 금방 알 수 있다. 그런 욕구에 대한 위기감이 그 사람의 행동을 좌우한다는 사실도 이해한다. 그러나 인간의 행동은 행동의 목표나 이유가 명확히 드러나지 않는 경우가 태반이다. 예를 들면 술자리에서 마시기 싫은 술을 억지로 마셔야 한다든가 회사 사람들 모두가 함께 놀이공원에 놀러간다든가 하는 경우, 특별한 목적이 있는가? 적어도 의식주나 안전, 성과 같은 인간의 기본적 욕구와는 직접적으로 관련이 없어 보인다.

의식주나 안전, 성과 같은 인간의 기본적 욕구를 '최종목표'라고 표현하겠다. 인간의 모든 행동은 궁극적으로 이런 기본적 욕구를 채우는 것과 일맥상통하기 때문이다. "네? 그 말은 위에서 말한 것과 다르지 않나요?"라고 반문하는 사람이 있을지도 모르겠다. 그렇다. 인간의 기본적 욕구와 전혀 관계가 없어 보이는 행동들도 많다. 그러나 잘 생각해보면 대부분의 행동들은 인간의 최종목표를 달성하기 위한 '중간목표'이다. 이런 중간목표의 존재가 현대를 살아가는 우리의 행동을 종종 혼란에 빠뜨린다.

중간목표는 최종목표에 좀더 쉽게 도달하기 위한 가교 역할을 한다. 일단 중간목표를 이루면 최종목표에 도달할 확률이 높아진다. _그림 11 이 전략은 수시로 변하는 자연환경 속에서 직접 최종목표를 추구할 때보다 더욱 효과적으로 우리의 DNA를 존속시켜주었다. 원시인에게 중간목표는 '살아남을 수 있는 가능성을 높이는 방법'으로 통했다. 이런 중간목표에는 어떤 것들이 있는지 살펴보자.

중간목표와 최종목표

일단 중간목표까지 가면 최종목표까지 쉽게 갈 수 있을 거야.
일단 A섬까지만 가면 우연히 B섬에서 나온 배를 탈 수 있을지도 몰라.
바다가 잔잔하다면 헤엄쳐서 갈 수도 있고.

| 그림 11 |

우리는 어떤 일을 성취하기 위해 노력하고, 성취했을 때는 무한한 기쁨을 느낀다. 사실 성취했다고 해서 반드시 보상을 받거나 특별한 이득을 얻는 것도 아니다. 그럼에도 어떤 일을 성취하는 그 자체가 우리의 행동목표가 되곤 한다. 반대로 어떤 일을 성취하지 못했을 때 우리는 실의에 빠진다. 할 수 없다는 사실을 인정하기란 쉬운 일이 아니다. '될 수 있는 한 누구의 도움도 받지 않고 내 힘으로 해보고 싶다. 할 수 있다는 자신감을 느끼고 싶다.'는 기분에 사로잡힌다.

그것이 비록 생활과 직접 관련이 없는 자잘한 일일지라도, 예를 들어 시험에 통과하지 못했다거나 자녀교육이 마음먹은 대로 되지 않는다거나, 보고서를 잘 쓰지 못했다거나, 계약을 따내지 못했다거나, 언변이 서툴다거나, 심지어 철봉에 거꾸로 매달리기를 못하는 일 정도로도 사람에 따라서는 필요 이상으로 비관하는 경우가 많다. 실제로 나를 찾아왔던 내담자 중에는 컴퓨터에 문외한이라는 사실을 비관해 자살을 생각했던 사람까지 있을 정도다.

할 수 있다는 믿음은 다른 분야에서도 자신의 역량을 발휘할 수 있는 기폭제가 된다. 이것은 자신이 상황을 컨트롤할 수 있다는 자신감과도 이어지므로 사회가 각박해질수록 그런 느낌을 강하게 원한다.

미래에 대한 불안을 해소하기 위해서는 ❶ 목표와 그에 도달하는 계획 ❷ 그것을 실행할 수 있는 자신의 능력 ❸ 사태가 자신이 의도한 대로 진행되고 있다는 인식, 이 세 가지가 필요하다고 앞에서 이미 설명했다. 미래에 대한 정보가 전혀 없을 때는 목표도 계획도 세울 수 없다. 그때 할 수 있는 일은, 미래에 상관없이 '할 수 있다'는 자신감을 갖는 것이다. 그렇기 때문에 누구나 '(무슨 일이든) 할 수 있는' 사람이 되기를 원한다. 그런 사람이 되면 어떤 과제가 명확해졌을 때 대처할 수 있는 가능성이 높아진다. 이것은 곧 '살 수 있다는 자신감'의 기초가 된다.

예를 들어, 군인이나 경찰관, 소방관은 항상 체력을 단련하고 훈련에 임한다. 할 수 있다는 자신감에 넘치는 경찰관은 어떤 상황에서도 침착하게 대응하지만, 그렇지 못한 경찰관은 매일 불안한 나날을 보내야 한다.

할 수 있다는 자신감이 커지면 살아남을 수 있다는 자신감도 그만큼 커진다. 할 수 있는 범위가 넓으면 구체적으로 자신이 하고 싶은 일이 무엇인지, 목표가 무엇인지 찾기도 쉽기 때문이다.

예를 들어, 공부를 잘하면 직업을 선택할 수 있는 범위가 넓어진다. 운동을 잘하면 프로 운동선수나 트레이너, 코치 등을 꿈꿀 수 있으며, 음악에 뛰어난 재능이 있으면 연주자나 작곡가, 음악 프로듀서가 될 수 있는 길이 열린다. 심지어, 나는 1종 대형 면허증을 가지고 있는데, 그런 사실만으로도 '만약 지금 하는 일을 그만두게 되어도 어떻게든 먹고 살 수는 있겠지.' 하고 막연하게나마 마음의 의지가 된다.

이처럼 무엇인가를 할 수 있다는 사실은 그만큼 이 세상에서 살아남을 수 있는 확률을 높여준다. 그렇기 때문에 모두가 '할 수 있는' 사람이 되기 위해 노력한다.

반대로 우리는 아무것도 '할 수 없는' 것을 경멸하고 싫어한다. 어떤 일을 '할 수 없다'고 인정하면 운명에 자포자기하는 수동적인 인생이 우리를 기다리고 있으리라는 불안한 마음이 들기 때문이다. 즉, 할 수 없다는 사실은 단순히 현상으로 그치지 않고 그 사람의 미래에 대한 안심감마저 빼앗아버리고 만다. 그렇기 때문에 인간이 살아가는 데 있어서 '성공체험'이나 '할 수 있다'는 자신감은 매우 중요하다.

목표로 삼았던 어떤 일을 '할 수 없다'고 느낄 때, 현상을 인정하지 못하고 이를 크게 비약하여 '난 도저히 안 돼!'라고 인생 자체를 포기하는 경우도 있다. 그리고 중요한 일을 성공시키지 못했다는 점을 비관하며 살아가는 데 필요한 자신감마저 상실한다.

●── '남보다 우위에 서고 싶다'는 중간목표

'할 수 있다'는 자신감에 대한 지나친 집착은 다른 사람에게 지는 일에 극도의 공포를 느끼게 하여 대인관계에도 좋지 못한 영향을 미친다. 우리는 어째서 남과 나를 비교하는가? 어째서 최고가 되려고만 하는가?

먼저 원시시대로 거슬러 올라가 인간의 이런 '비교습관'을 살펴보자. 앞에서 몇 번이나 언급했듯이 원시시대에는 식량이 충분하지 못했다. 무리를 지어 행동하는 전략으로 진화를 거듭하면서 살아온 인간들은 당연히 모두가 힘을 합쳐 식량을 구하고 그것을 배분했다.

어떻게 해서라도 남과 비교하려는 습관은 공동작업을 통해 얻은 식량을 배급할 때 자신이 일한 만큼 정당하게 배분받았는가를 확인하는 기능이다. 식량이 충분하지 않기 때문에 한 사람에게 배분되는 양이 적은 것은 당연하다. 이런 상황에서는 어떻게 해서든 조금이라도 식량을 더 받기 위해 자신의 몫을 주장한다. 이것은 살아남기 위해 필요한 기능이다.

그런데 식량은 보통 모든 사람에게 똑같이 배분된다. 남보다 일을 많이 해서 더 많은 에너지를 소모하는 사람도 있지만, 배분되는 양은 누구에게나 똑같다. 그래서 자기가 다른 사람보다 부당하게 더 많은 일을 하지는 않았는지 자연스럽게 신경을 곤두세우게 된다.

이번에는 최고가 되고 싶어하는 마음에 대해 생각해보자.

이것 또한 인간이 무리를 지어 생활해온 습관과 무관하지 않다. 무리 속에서는 자연스럽게 계층이 생긴다. 가장 힘이 센 인간이 우두머리가 되어 무리의 행동을 통제한다. 그러나 우두머리는 민주적인 방식이 아닌, 어디까지나 실력으로 우두머리 자리를 거머쥔다.

우두머리가 되면 당연히 식량 배급량도 많아지고 가장 우수한 이성과 성관계를 맺어 우수한 유전자를 남길 가능성도 높아진다. 그렇기 때문에 사람들은 모두 집단의 우두머리가 되고 싶어한다.

최고가 되고 싶은 마음은 이것을 위해서만이 아니다. 무리 속에서 최고가 되면 그 속에서의 존재가치 또한 높아진다. 존재가치가 높아진다는 말은 군중에게 중요한 사람으로 인정받는다는 의미이므로 배분되는 식량도 많아질 뿐 아니라 곤경에 처하면 모두 팔을 걷어붙이고 도와준다.

그래서 우리는 어떤 분야에서 최고가 되고 싶어한다. 방대한 조직의 현대 사회에서는 리더가 되는 일이 그리 만만한 일이 아니지만, 원시시대와 같은 소규모 집단에서라면 가능한 목표였다.

마을에서 제일 베를 잘 짜는 사람, 마을에서 제일 소를 잘 모는 사람, 마을 최고의 목수, 마을 최고의 학자. 노력하면 실현 가능한 일이었고, 마을 최고의 고수가 되어 모두에게 대접을 받았다.

원시적인 집단에서는 다른 사람보다 못하거나 최고가 되지 못하면 존재가치 또한 인정받지 못했다. 그러므로 우리 마음속에서는 자연스럽게 '다른 사람에게 지고 싶지 않다. 최고가 되고 싶다.'는 강한 의지가 싹튼다. 이런 욕구는 앞에서 말한 '할 수 있는' 사람이 되고 싶은 욕구와 마찬가지로 우리의 행동을 지배하는 강력한 중간목표가 된다.

● —— '사랑받고 싶다'는 중간목표

'사랑'에 관한 문제는 카운슬링을 하면서 가장 난관에 부딪치게 되는 문제다.

누구나 한 번쯤은 실연의 아픔을 경험한다. 실연 때문에 심각한 우울증에 걸리는 사람도 적지 않다. 심한 경우 자살을 기도하는 사람도 있다. 애증이 살인으로까지 발전하는 일은 동서고금을 막론하고 너무나 흔하게 듣게 되는 이야기다. 인간은 왜 이렇게 사랑에 집착할까? 왜 사랑은 이렇게나 인간의 행동에 큰 영향을 미치는가?

이 문제를 풀기 위해서는 역시 인간을 동물이라는 관점에서 살펴보아야 한다. 살아 있는 동물은 DNA(유전자)를 운반하는 매체라고 앞에서 설명했다. 살아 있는 동물은 다음 세대에게 자신의 DNA를 물려주기 위해 이 세상에 태어났다. 그리고 그 목적을 달성하기 위해 성장하고, 필사적으로 경쟁하고, 교미하고, 자손을 낳는다.

포유류는 이런 사이클을 확실히 다지기 위해 암컷과 수컷으로 나뉘어 알이 아닌 새끼를 낳고 새끼가 성장할 때까지 키운다. 포유류가 암컷과 수컷 두 종류로 나뉜 것은 우수한 DNA를 섞어 환경의 변화(병이나 기후의 변화)에 잘 적응하는 우수한 새끼를 낳기 위해서다. 그리고 암컷과 수컷으로 나뉜 덕분에 교미가 필요하다. 이 교미 단계에서 암컷과 수컷은 좀더 우수한 DNA와의 결합을 모색한다. 즉, 우수한 상대를 찾는 것이다. 또한 동시에 이것은 상대방에게 선택받는 작업이기도 하다. 선택하기와 선택받기가 바로 '사랑'이다. (여기에서는 주로 성애에 대해 논하고자 한다.)

동물의 궁극적인 목적인 DNA를 확실히 남기기 위해서는 '살아남아' '자손을 번식시킬' 필요가 있다. 그리고 이에 필요한 것이 식량과 물, 안전, 그리고 사랑이다. 이는 모두 최종목표에 해당한다. 그러므로 본질적으로 사랑은 식량이나 물처럼 없어서는 안 되는, 살아가는 데 꼭 필요한 요소라고 할 수 있다. 그렇기 때문에 사랑을 잃으면 이보다 더 큰 아픔은 없다고 느껴질 만큼 절박한 고통이 찾아오는 것이다.

성에 대한 욕망은 성행위를 위해 인간에게 주어진 본능이다. 그러나 우리는 욕망을 만족시켰다는 사실에만 의미를 두지는 않는다. 성행위가 아닌 다른 일로도 상대방에게 기쁨을 주고 자신이 인정받았다고 느낄 때 비로소 만족감을 느낀다.

자손을 남기는 것이 목적이라면 성행위만 제대로 하면 그만일 테지만, 그것만으로 만족(안심)하지 못하는 이유는 생명학적으로 조산아인 신생아를 소중하게 기르는 전략을 취했기 때문이다. 망아지나 송아지는 태어나자마자 제 발로 설 수 있다. 그러나 인간의 아기는 태어나서도 몇 년간은 부모에게 완전히 의지한다. 따라서 돌봐주는 부모가 없으면 생명을 지탱하지 못한다.

나는 그 이유가 아기가 불완전한 생명체로 태어난 후 자신이 처한 환경에 적응할 수 있는 기간을 갖기 위해서라고 생각한다. 다시 말해서, 어떤 환경에서 살게 될지 알 수 없기 때문에 태내에서 모든 프로그램을 인스톨(입력)하지 않고, 태어나면서부터 환경에 맞는 프로그램을 인스톨하는 전략을 취한 것이라고 생각한다.

실제로 생후 3년 동안 이루어지는 뇌의 발달(사용되는 신경세포는 굵어지고, 사용하지 않는 세포는 소멸됨)은 놀라울 정도다. 어쨌든 생후 3년 정도의 시간 동안 부모는 자식의 손과 발이 되어 완벽하게 보호해야 한다. 그렇지 않으면 자신의 DNA를 남기지 못한다.

한편 성교 후에는 남자가 없어지더라도 아이는 여자 손에서 자랄 수 있다. 여자는 귀중한 시간(젊음)과 에너지를 출산과 육아에 쏟아 붓는다. 그러므로 성교를 하기까지 상대의 선택에 매우 신중하다. 임신하고 아이를 키우는 동안 자신을 소중하게 지켜줄 남자인지 아닌지를 면밀히 확인한다. 이 기간에는 스스로 식량을 조달하기가 어려울 뿐 아니라 적에게 습격당하기도 쉽기 때문에 자신을 지켜줄 남자가 반드시 필요하다.

섹스를 할 때, 자기만 좋으면 된다고 생각하는 사람도 있다. 그러나 섹스 행위를 통해 상대방을 기쁘게 하는 일은 '할 수 있다'는 자신감과도 직결된다. 또한 진지하게 '애정'을 나눔으로써 서로의 관계를 더욱 돈독하게 만들어갈 수 있다. 그래서 섹스를 할 때 사람들은 상대의 마음을 살피고 애정을 확인하려고 한다. 사랑이 없는 섹스는 자손을 남길 가능성이 낮다는 사실을 알기 때문이다.

● ── '동지가 되고 싶다'는 중간목표

동지가 되고 싶은 욕구 또한 우리의 행동을 크게 규제한다.

인간은 위험으로 가득 찬 환경을 혼자서 극복하기가 어렵다는 사실을 안다. 만약 인간이 개체로서 적에게 대항하는 전략을 취해왔다면, 인간의 손톱이나 발톱은 지금보다 훨씬 강력한 무기로 진화했을 것이며, 인간의 몸 또한 지금보다 훨씬 거대해졌을 것이다. 그러나 인간은 '지성과 집단의 힘'으로 자연계에 대항하며 살아왔다. 따라서 집단으로부터의 배척은 죽음의 위험을 부르기도 한다. 집단에서 배척당하면 식량을 확보하지 못할 뿐 아니라 기본적인 생활조차 유지하지 못한다. 다시 말해서 집단에서 좋은 평가를 받으면 미래에도 안정적인 생활을 영위할 가능성이 높은 것이다. 그렇기 때문에 인간은 좋은 인간관계를 구축하고, 무의식중에 집단 속에서 자신의 위치를 확보하기 위해 노력한다.

100인 오작동

이처럼 우리의 감각이 무리지어 생활하던 원시시대의 감각에서 벗어나지 못해서 벌어지는 트러블을 '100인 오작동'이라고 이름 붙이도록 하겠다.

나는 '인간의 감정이나 행동 프로그램은 100명 정도 규모의 집단에서 생활하는 것을 전제로 움직인다.'고 생각한다. 인간관계와 정보의 교환이 급격히 늘어났음에도, 우리의 반응은 대개 100명 정도의 규모에서 발동한다. 우리가 느끼는 수의 감각은 100정도까지는 민감하게 반응하나, 그 이상이 되면 애매해지는 경향이 있다.

숫자라는 개념은 식량을 나누기 위해 필요했다. 마을 사람 수만큼 나무 열매를 딴다. 그 다음에 집집마다 가족의 수만큼 열매를 가져간다. 그러므로 100명 전후의 촌락사회에서 오랫동안 살아온 인간은 100까지의 숫자에는 민감하며 그 이미지를 연상하기도 쉽다.

시장에서 물건을 살 때는 100원이라도 깎으려는 사람이 자동차를 살 때는 10만원만 싸게 해달라고 하지 않는다. 자동차를 사는 단위는 몇 백만에서 몇 천만이 되기 때문에 우리의 감각이 100분의 1 정도 무뎌지기 때문이다.

몇 해 전에 《세계가 만일 100명의 마을이라면》이라는 책이 화제가 된 적이 있다. 그 책에서처럼 '세계 인구의 100명 중 14명은 하루 1,000원 이하의 생활비로 버틴다.'라고 말하는 편이, 13억 명에 달하는 사람이 굶주림에 허덕인다고 말하는 쪽보다 훨씬 이해가 빠르다. 즉, 우리가 사회생활을 하면서 받아들이는 인간관계 바구니는 많아야 100명 정도의 자극밖에 넣지 못한다고 생각해도 좋다. 수도권에서 출퇴근하는 사람이 하루에 얼굴을 마주치는 사람 수를 세어보면 아마 만 명도 넘을 것이다. 그러나 우리는 그 중 많아야 100명 정도에만 반응한다. 요컨대 우리가 말하는 '모두'란 한 마을에 사는 100명에 지나지 않는 것이다.

이 100인 오작동은 다양한 장면에서 우리에게 영향을 미친다.

예: 사랑하는 사람은 오직 이 사람밖에 없다고 느끼는 감각.

　　－100인 그룹에서는 연애 적령기를 맞은 사람의 수에 한계가 있다.

예: 다른 사람에 대한 소문이 마음이 걸린다.

　　－그러므로 연애, 결혼, 출산, 불륜 등에 관한 정보에 민감하다. 자기가 좋아하는 스타의 결혼 소식에 침울해하는 사람도 많다. 스타도 100인 마을에 사는 한 사람으로 느껴지기 때문이다.

예: 최고가 되고 싶다.

　　－100인 마을이라면 가능하다. 최고가 되면 존재가치가 올라가고 자신은 그 집단에서 인정받으면서 살 수 있다. 예를 들면, 가장 베를 잘 짜는 사람, 가장 힘이 센 사람, 마을 제일의 효자, 손재주가 뛰어난 사람….

예: 비교하고 싶어진다.

　　－똑같이 일했는데 자신에게 주어진 식량이 적으면 100인 마을에서는 살아갈 수 없다. 그러므로 다른 사람의 배분량에 신경이 쓰인다.

예: 모든 사람들에게 사랑받고 싶다(다른 사람들의 시선이 신경 쓰인다).

　　－100인 마을이라면 이것도 가능하다. 사랑받는다는 인식은 우리를 안심시킨다.

예: 싫은 인간이 거슬린다.

　　－싫은 사람은 잠재적인 적이다. 항상 경계해야 한다. 언제 나를 습격해 올지 모르므로 마음을 놓아서는 안 된다. 특히 자존심에 상처를 입었

다고 느끼면 민감하게 반응하고, 상대방의 의도가 무엇인지, 적의가 있지는 않은지를 알고 싶다.

현대인이 이 100인 오작동으로 가장 고민하는 부분은 실제로 존재하는 100명과 가상에서 존재하는 100명과의 차이에서 오는 괴리감이다. 원시시대에는 나를 현실적으로 지지해주는 100명과 내 머릿속에서 자극이 되거나 비교 대상이 되는 100명이 같은 사람들이었다. 그러나 현대는 교통이나 통신의 발달 덕분에 인간관계가 폭발적으로 늘어나면서 자기 주변 마을뿐 아니라 가상의 공간에 있는 사람들과도 관계를 맺을 수 있게 되었다.

예를 들어, 원시시대에는 식량을 배급해주는 사람은 A, 일을 도와주는 사람은 B, 고민을 상담하는 사람은 C, 사냥을 가르쳐주는 사람은 D, 병이 났을 때 도움을 청하는 사람은 E…. 이렇게 모두가 한 마을 사람이었다.

그러나 현대사회는 어떤가? 고민 상담은 인터넷에서 만난 '○○ 씨(만난 적은 없으나 남자로 추측됨)', 인생 어드바이스는 좋아하는 '작가 ○○○', 패션 어드바이스는 '탤런트 ○○○', 직업은 인터넷을 통해 찾고, 쇼핑도 집 안에서 끝낸다. 휴대폰에는 100명 이상의 정보가 등록되어 있다.

그래서 옛날에는 마을에서 최고가 되는 일이 의미가 있었고 실현 가능하기도 했으나, 지금은 불가능해졌다. 예를 들어 그 지역에서 제일 훌륭한 기술을 보유한 사람(엔지니어, 요리사, 프로게이머 등 무엇이든 좋다)이 있다고 치자. 그러나 그는 동료들 사이에서는 오히려 실력이 떨어지는 축에 낀다. 그는 자기 지역에서는 최고이지만 그가 영향을 받는 100명 사이에서는 결코 최고가 아니다. 우월감은커녕 오히려 열등감을 느끼는 경우도 많다.

이를 잘 설명하는 예로, 의사나 변호사 등 전문적인 직업을 가진 사람들은 서민들이 보기에는 사회적 지위가 높지만, 막상 그들의 이야기를 들어보면 열등감에 시달리는 경우가 많아 놀랄 때가 적지 않다. 그들이 느끼는 가상의 100명은 지역이 아닌 같은 의사나 대학 동기, 같은 단지 내에 사는 회사 경영자 등이 대부분이기 때문이다. 만약 그들이 인적이 드문 무의촌에 가서 도시와 단절된 채 지역주민들하고만 접촉한다면 이런 열등감에 시달릴 일은 없어질 것이다.

교통과 통신의 발달로 교류의 범위가 무한대로 넓어지면서 우리가 설정한 가상의 100명은 우리의 활동에 수반되는 자유를 변화시켰다. 그 결과 원시시대의 100인 마을에서는 효과를 발휘했던 '습관'이 오히려 우리를 옭아매고 있다. 이것이 100인 오작동이다.

중간목표는
우리의 행동을 유도한다

보통 중간목표는 최종목표에 도달하기 전에 밟는 하나의 단계다. 그러나 중간목표가 인간의 감정과 연관된 경우, 현실에서는 최종목표와 비슷한 크기로 다가오거나, 때에 따라서는 그보다 더욱 강렬하게 우리의 마음을 사로잡는다. 이것은 앞에서 다루었던 '인간은 미래의 불안이 해소될 때 큰 행복을 느낀다.'라는 말과 관계가 있다.

물과 식량, 안전 등의 최종목표를 손에 넣으면 지금 당장은 살 수 있다는 안도감이 생긴다. 그러나 이런 것들은 쉽게 사라진다. 사냥한 고기는 금방 썩어버린다. 맹수가 언제 또 공격해올지 알 수 없다. 다시 말해 미래를 보장받지 못하는 것이다. 예를 들어 어떤 목표를 달성했을 때의 심리를 살펴보자. 어떤 일이 잘 풀렸거나 어떤 목표를 달성한 경우, 이것을 삶이라는 프로그램에서 보자면 그것은 '단순히 지금까지 해온 일'일 뿐, 앞으로의 안전을 보장하지는 않는다. 인간은 미래를 위해 어떤 행동을 취할 때 안심한다. 그래서 목표를 세우려고 한다. 어떤 일을 성취했을 때 느끼는 허무함은 이런 미래에 대한 잠재적인 불안에서 온다. 적절한 목표가 설정되어 있지 않으면 우리는 현재가 순조로워도 왠지 모를 불안을 느낀다.

최종목표가 보증하는 것은 '현상'뿐이다. 이에 비해 중간목표는 확실하지는 않으나 '미래의 생존확률'을 높여준다. 집단에서 보호받는 동안은 안전을 보장받거나 식량을 확보하기가 쉽다. 사랑도 마찬가지다. 억지로 성관계를 했어도 상대가 자식을 사랑으로 키워주지 않으면 DNA는 남지 않는다. 사랑을 함으로써 장래 자신의 유전자를 계승할 자손이 남을 확률이 높아진다. 그래서 우리는 최종목표뿐만 아니라 중간목표를 달성하기 위해 행동한다. 최종목표보다 오히려 중간목표에 가치를 두는 경우도 많다.

우리는 모두가 지키는 규칙을 존중한다. 아무리 배가 고파도 '음식 엄금'이라고 적혀 있는 곳에서는 참는다. 먹는 것보다 '집단에서 배척당하지 않는다'는 중간목표가 앞서기 때문이다. 이처럼 중간목표는 미래의 생존 가능성을 높이기 위한 정석으로서 매우 중요한 의미를 지닌다.

그러나 이런 정석이 조금씩 시대착오적 발상이 되어가고 있다. 아니, 시대착오적이라기보다는 현대의 진화 속도가 너무나 빨라 따라가기가 버겁다고 하는 편이 옳을지도 모르겠다. 그러나 유감스럽게도 우리는 여전히 이 정석에 따라 맹목적으로 공격목표와 방향을 정해버린다. 비효율적인 결과를 초래해도 방향전환이 불가능한 상태로 몰아가는 것이다.

중간목표는 우리를
고통으로 몰아넣을 수 있다

중간목표라는 정석을 만들어 원시인은 변화하는 환경에서 적응할 수 있었다. 그러나 우리에게는 이런 중간목표가 귀찮은 문제를 일으키는 원인이 되는 경우가 종종 있다.

먼저 중간목표와 최종목표의 관계를 살펴보자.

원시시대에는 중간목표를 달성하면 최종목표에 도달할 가능성이 높아졌다. 때마다 식량을 확보하기보다는 사냥기술을 익히거나(중간목표 '할 수 있다'), 집단의 우두머리가 되거나(중간목표 '다른 사람보다 우위에 선다'), 혹은 이성에게 인정받거나(중간목표 '사랑받고 싶다'), 집단 내 사람들과 갈등 없이 지내는(중간목표 '동지가 되고 싶다') 편이 안정된 미래를 보장하고 자손을 남길 수 있는 확률도 높았다. 그러므로 중간목표를 달성하는 것은 곧 행복의 초석을 마련하는 지름길이었다.

그러나 현대사회는 최종목표인 물과 식량, 안전 등의 문제가 비교적 간단히 해결된다. 꼭 중간목표를 거치지 않아도 된다. 오히려 중간목표를 거치면서 사태가 더 복잡해지기도 한다. _그림 12

그러나 이 중간목표에 끌리는 습관은 현대인에게도 남아 있어서 환경에 관계없이 우리의 행동을 지배한다. 이에 한술 더 떠 현대사회는 원시시대에 비해 중간목표를 달성하기가 더욱 어려워졌다. 예를 들어 '최고가 된다'든가 '모든 사람에게 사랑받고 싶다'는 목표는 100인 오작동에서 살펴보았듯이 100인 마을에서는 가능한 일이었지만 현대사회에서는 불가능에 가까울 만큼 어려워졌다.

최종목표와 중간목표
원시시대
현대사회
- 최종목표 -
의식주, 안전, 성
할 수 있다
남보다 우위에 서고 싶다
사랑받고 싶다
동지가 되고 싶다
할 수 있다
남보다 우위에 서고 싶다
사랑받고 싶다
동지가 되고 싶다
최   종   목   표
중간목표를 달성하지 않고도 최종목표를 이룰 수 있다.
중간목표를 달성하기가 원시시대에 비해 매우 어려워졌다.
그러나 최종목표와 연관되어 있다고 느껴지기 때문에 중간목표를 달성하지 못하면 왠지 삶이 허무하고 자신이 무능력한 인간으로 느껴진다.
그림 12

　그럼에도 우리는 변함없이 그것을 고집하고 추구한다. '저 건너편에 최종목표가 있다, 이것을 달성하지 못하면 살아남지 못한다.'는 감정에 사로잡힌 나머지 언젠가 그것을 단념해야 한다고 생각하면 필요 이상의 고통을 느낀다.

　현대사회에서는 최종목표를 달성하기 위해 반드시 중간목표를 건너지 않아도 된다. 게다가 중간목표는 노력해도 달성하기 어려운 목표인 경우가 많다. 그 결과, 중간목표를 달성하지 못하는 데서 오는 불안감과 좌절감에 휩싸여 자신을 무능력하고 형편없는 인간이라고 치부해버린다. 그러면서도 최종목표와 연결되어 있다는 의식이 강하게 작용하므로 이 중간목표를 간단히 포기하기란 쉽지 않다. 그러나 그럴수록 자신은 더욱 비참해질 뿐이다.

　행복을 느끼기 위해서는 고통 프로그램이 아닌 행복 프로그램을 작동시켜야 한다. 행복 프로그램을 충분히 가동시키기 위해서는 적절한 목표와 계획, 그것을 실현시킬 수 있다는 자신감, 그리고 목표를 향해 순항하고 있다는 인식이 동반되어야 한다.

　이를 위해서는 현재 자신이 어떤 목표를 향해 행동의 초점을 맞추고 있는지를 알고, 그것을 컨트롤하는 것이 중요하다. 바꿔 말하면, 자신에게 맞는, 달성 가능한 목표를 선택하는 일이야말로 현대를 살아가는 우리가 행복해지는 비결이다. 그러나 현실적으로는 중간목표에 치중한 나머지 그것을 포기하지 못하는 경우가 많다. 객관적으로는 자신의 의지대로 목표를 설정할 수 있는 시대를 살고 있음에도 목표설정 단계에서 오작동을 일으키는 것이다.

　다음 장에서는 오작동의 전형적인 사례(포기 프로그램의 오작동 패턴 4가지)를 살펴보기로 하자.

CHAPTER . 5

포기 프로그램의 오작동 1
'도중에 그만두지 못한다'

‘할 수 있다’는 감각이 우리를 어떻게 매료시키는지는 앞에서 살펴보았다. 그러나 현대사회는 할 수 없다는 사실을 그다지 문제 삼지 않는다. 예를 들어 20~30년 전만 해도 여자가 행복한 인생을 보내기 위해서는 요리를 잘하는 것은 필수조건이었다. 그러나 지금은 요리를 못해도 행복하게 사는 여자들이 얼마든지 있다.

특별히 무엇을 못한다고 해서 그것이 생존을 좌우하지는 않는다. 생존 가능성이 희박해지는 것도 아니다. 물론 잘하면 자신감이 생기겠지만, 못한다고 해서 자신감을 잃을 필요도 없다. 오히려 ‘이 분야는 내 인생에서 그다지 중요한 것이 아니야.’ 라고 생각을 고쳐먹고 다른 분야에 에너지를 쏟는 편이 성공할 확률도 높아지고 자신감도 생긴다. 그러나 우리는 이런 사실을 인정하는 데 서툴다. 그리고 그것은 ‘도중에서 그만두지 못하는 오작동’이라는 습관으로 변해 우리를 괴롭힌다.

보험회사 생활설계사 3년차인 F씨.

F씨는 신입사원 연수를 받았을 때부터 상사에게서 '센스가 뛰어나다'는 평가를 받았다. 실제로 그녀는 입사 첫 해부터 지점에서 '베스트 3'에 오를 만큼 뛰어난 실적을 보였다.

그러나 3년째에 접어들면서 그녀는 소위 말하는 슬럼프에 빠졌다. 동원할 수 있는 인맥도 전부 바닥이 났다. 2년차에는 무리하게 영업을 해서 겨우겨우 베스트 3에 들었던 것이었다. 한동안 연락이 뜸했던 친척이나 학교 동창들에게 전화를 걸어 보험영업을 하는 것은 상당한 심리적 에너지가 필요한 작업이었다.

이런 사정을 모르는 상사는 "상급자 연수가 끝나면 F씨에게 지역담당을 맡길 생각이에요."라며 F씨를 격려해주었다. 지역담당자가 되면 기본 급여가 인상된다. F씨로서는 이런 기회를 놓치고 싶지 않았다.

3년차 봄, 드디어 상급자 연수가 시작되었다. 본부에는 각 지역의 엘리트만이 모였다. F씨는 누구보다도 지기 싫어하는 성격의 소유자다. 그래서 상급자 연수에서 최고 성적을 받기 위해 필사적으로 노력했다. 가족들은 휴일에도 쉬지 않고 자료와 씨름하는 F씨를 걱정했다. 결국 F씨는 연수 중간에 쓰러지고 말았다.

그러나 F씨는 중간에 그만둘 수 없었다. '다른 사람에게 처질지도 몰라!', '지국장의 기대를 저버릴 순 없어!', '최고가 되어야 해!' '못한다고 인정하고 싶지 않아, 그런 건 생각하기도 싫어!'

하지만 결국 연수원의 담당자에게 이끌려 카운슬링의 문을 두드린 F씨. 처음 얼마간은 입을 굳게 다물고 심각한 표정으로 앉아만 있었으나, 점차 마음의 문을 열고 괴로운 심경을 털어놓았다. "너무 두려워요. 이대로 주저앉으면 내 자신이 진흙탕 속에 빠져버릴 것만 같아서…."

5년 전 도쿄에서 회사원으로 근무하던 그녀는 고등학교 때부터 사귀던 남자와 결혼했다. 시부모님은 고향에서 생선가게를 하는 분들이었다. 그녀는 결혼과 함께 회사를 그만두었고, 얼마간 고향에서 부모님을 도우면서 다른 직장을 찾을 생각이었다. 그러나 시부모님들은 마치 그녀가 시집오기를 기다리기도 했다는 듯이 이것저것 일을 시켰다. 작은 가게이기 때문에 그녀가 일을 하지 않으면 그 일들이 고스란히 시부모님에게 돌아가는 상황이어서 다른 일을 하고 싶다는 말을 꺼낼 엄두조차 내지 못하는 분위기였다. 그녀는 '속았다'는 생각이 들었다고 한다. 그러나 그녀는 상황을 받아들이기 위해 나름대로 노력했다.

결혼하고 1년쯤 지나 그녀는 임신을 했다. '이제 좀 봐주시겠지.' 속으로 기대도 했으나 시어머니는 "임신이 무슨 벼슬이니? 몸을 많이 움직여야 애도 잘 나오지."라며 그녀의 기대를 저버렸다. 그녀는 남산만한 배를 안고 출산 직전까지 가게 일을 도왔다. 남편에게 푸념을 해봤지만 그도 시어머니와 같은 말만 되풀이할 뿐이었다.

아이가 태어나자 사태는 더욱 심각해졌다. 시어머니는 아이 교육에까지 하나하나 토를 달면서 면박을 주었다. 마치 자신의 존재가 산산이 부서지는 느낌이었다. 남편에게 분가하자는 말을 꺼내보았으나, 그로 인해 남편과의 사이만 더 멀어졌을 뿐이다. 드디어 그녀는 절박한 심정으로 이혼을 결심했다. 아이 양육문제로 상당한 신경전을 벌였으나, 이혼하는 것을 최우선으로 하자고 결심하여 양육권을 포기했다.

이후 그녀는 친정으로 들어오라는 부모의 말을 거절하고 혼자 살림을 꾸려 나갔다. '만신창이가 되어 돌아가고 싶지 않았기' 때문이다. 그때부터 그녀는 혼자 힘으로 자립하기 위해 보험영업을 시작했다.

"이혼하면서 아이를 포함해 모든 걸 빼앗긴 느낌이 들었어요. 이제 겨우 회사에서도 인정받기 시작하고 내 자리도 찾았는데, 이 모든 것을 또 잃을까 두려워요. 그래서 뭐든지 열심히 했어요. 안 그러면 내 자신이 너무 비참해지는 느낌이 들어서요…"

그녀는 이혼으로 모든 것을 잃었다는 슬픔을 안고 있다. 그것이 그녀를 궁지에 몰아넣고 마음의 여유를 빼앗아갔다. 그리고 보험영업을 통해 겨우 찾은 자신감을 다시 잃을까 두려워 무리한 업무를 '그만두지 못하고' 있다.

'도중에 그만두지 못하는'
오작동의 원인

'할 수 있다'는 중간목표가 '도중에 그만두지 못하는' 오작동의 원인이다. 그러나 이 오작동은 다른 요소들과도 관계가 있다. 그 중에서 특히 '집단 속에서 따돌림을 당하고 싶지 않다'는 중간목표에 질질 끌려 일으키는 오작동은 카운슬러인 나로서도 매우 풀기 힘든 과제다.

농경사회에서의
포기의 의미

원시인은 사냥감이 눈앞에 나타나면 그것을 잡기 위해 뛰었지만, 사냥감이 눈앞에서 사라지면 금방 포기했다. 그러나 현대인은 경쟁에 발이 묶여 다른 사람에게 지지 않기 위해 필사적으로 달리지 않으면 안 된다. 선생이나 부모도 그렇게 해주기를 기대한다. 기록 경신도, 연습도 모두 죽을힘을 다해야 한다. 필사적으로 뛰는 사람은 좋은 평가를 받고, 중간에 포기하는 사람은 나쁜 평가를 받는다. 수렵 중심의 사회에서는 조금 쉬더라도 먹이가 나타났을 때 놓치지 않고 실력을 발휘하여 사냥에 성공하면 누구도 비난하지 않는다. 다른 사람들과 협력할 필요도 별로 없다.

그러나 농경 중심의 사회는 다르다. 농사는 오랜 기간 계속해서 손이 많이 가는 작업이고, 집단이 힘을 모아 하는 작업이다. 지금도 그렇지만, 기계도 농약도 없던 시절, 농업은 그리 만만한 일이 아니었다. 쉬고 싶어도 게으른 인간으로 낙인찍히는 것이 두려워 마음 놓고 쉬지 못한다. 혼자서 쉬다가는 비난을 받을 수 있다. 비난과 따돌림을 당하면 삶이 고통스러워진다.

이런 상황에서 누군가가 배가 아프다고 가정해보자. 그는 아프다는 핑계로 감히 일을 쉴 수 없다. 자칫 잘못하다가는 '쉬고 싶어서 꾀병을 부린다'고 오해받기 십상이기 때문이다. 할 수 없이 그는 평소와 같이 일을 하러 나간다. 그런데 옆에서 일하던 사람이 그의 안색을 살피고는 걱정스럽게 말한다. "좀 쉬지 그래."라고. 그렇지만 그는 거절한다.

참고 억지로 일을 하자니 배는 점점 더 아파온다. 드디어는 쓰러지고 만다. 주위 사람들이 놀라 몰려든다. 아까부터 걱정스러운 눈으로 지켜보던 동료가 "아침부터 안색이 안 좋더라구요." 하면서 모두에게 설명한다. 모두 입을 모아 조금 쉬라고 그에게 권한다. 그래도 일을 계속하려는 그에게 마을 촌장이 "괜찮으니까 좀 쉬게. 누가 집에 좀 데려다주게나." 하면서 귀가를 재촉한다.

조금 번거로운 방법이지만 이것이 농경사회 사람들에게는 가장 '아름다운 휴식'이다. 그래야 집단으로부터 눈총을 받지 않고 쉴 수 있다. 그렇게 하지 않으면 '게으른 자', '혼자서만 편히 쉬려고 하는 자'라는 오해를 받아 집단에서 배척되고 만다.

농경사회의 사람들에게는 이렇게 '집단에서 배척당한다 → 먹을 수 없다

→ 살아갈 수 없다'는 공포가 늘 따라다녔다.

수렵은 사냥감이 자기보다 빨라 도저히 잡을 수 없다고 판단되면 에너지를 보존하기 위해서라도 즉시 포기해야 한다. 그러나 농업은 포기하는 순간 풍성한 수확도 포기해야 한다. 작업 자체만 보면 아무리 땀 흘리고 일해도 결실이 눈앞에 바로 나타나지 않으므로 포기하기 쉬워 보이지만, 실제로 그렇게 했다가는 모두가 함께 굶는 수밖에 없다. '고생 끝에 낙이 온다'는 강박관념도 여기에서 기인한다.

그래서 농경사회에서는 예부터 포기를 꺼려하고 터부시했다. 한 사람이라도 일을 게을리 하면 다른 사람들에게 그만큼의 작업량이 돌아가고, 한 사람이 탈락하면 수확 자체가 불가능해지는 경우도 있으므로, 손을 놓는 자, 기력을 잃은 자, 협력하지 않는 자는 모두에게서 비난을 받았다.

그래서 본질적으로 우리에게는 노력하지 않으면 모두에게서 비난을 받을지도 모른다는 두려움과, 노력하면 모두에게서 인정받는다는 의식이 강하게 박혀 있다. 그러므로 포기에 서툴 수밖에 없다. _그림 13

고도성장시대의
행복의 도식

고도성장시대의 도식은 다음과 같다.

필사적으로 노력하여 좋은 학교에 들어간다. → 좋은 회사에 취직한다. → 안정된 수입을 보장받는다. → 괴로워도 포기하지 않는다(필사적으로 노력을 계속한다). → 연공서열제도에서 위로 올라간다. → 안정된 노후가 보장된다.

도중에서 그만두지 못하는 오작동

그림 13

이처럼 고도성장시대의 행복을 위한 키워드는 '포기하지 말고 필사적으로 노력하라'였다. 이 시대의 학생들은 자신의 취미와 흥미에 맞추어 대학을 선택하지 않고, 자신의 능력으로 입학 가능한 최고의 학교를 선택했다. 4년제 대학에 들어갈 성적이 되는데도 2년제 대학을 선택하면 주변사람들이 '아깝다'고 혀를 찼다(아깝다는 감정은 포기를 어렵게 만드는 하나의 요인이다).

이것은 '필사적으로 노력하는 정신(포기하지 않는 정신)'과 우리 사회의 학벌주의, 연공서열제도가 어우러져 빚어낸 결과이기도 하다. 그러나 최근 몇 년간 기업들도 많은 변화를 겪었다. (포기하지 않고) 얼마나 열심히 노력해왔는가보다는 현재 어느 정도 능력을 발휘하는가가 평가의 잣대가 되어가고 있다.

대부분의 현대인들은 태어나면서부터 비교적 풍요로운 의식주를 누리며, 그들의 생명을 위협하는 요소도 없다. 농경사회에서 공업, 서비스 중심의 사회로 전환되면서 대가족제도는 사라지고 핵가족제도가 그 자리를 대체했다. 또한 물질적인 풍요로 인해 집단에 의존하지 않고도 얼마든지 살아남을 수 있는 환경이 구축되어 개성을 발휘할 수 있는 시대가 되었다. (물리적으로) 살아가는 데 큰 장애물도 없다. 필사적으로 식량을 모을 필요도 없고, 적에게 쫓길 염려도 없다. 하고자 하는 일을 처음부터 포기할 필요도 없고, 실패했다고 주변사람들로부터 배척을 당하는 일도 없다. 지금도 시대는 끊임없이 변하고 있다. 그러나 인간의 사고는 그렇게 갑자기 변하지 않는다. 부모는 자신이 자랐던 시대에 보고 배운 감각으로 자신의 자녀를 양육한다. 그리하여 '일단 시작했으면 끝장을 보아야 한다!'와 같이, 포기하거나 현재의 고통에서 도망친다면 결코 행복해질 수 없다는 뿌리 깊은 가치관을 무의식중에 자녀에게 심어준다.

비록 아르바이트라고 할지언정 '한 가지 일을 진득하게 못하는' 습관은 부모에게(때로는 본인에게도) 큰 고민거리다. 직업이나 직장을 자주 바꾸는 사람은 참을성이 없는 사람으로 여겨지며, 따라서 바람직하게 여겨지지 않는다. 이혼이라는 말에 왠지 거부감을 느끼는 것도 마찬가지 맥락이다.

그러나 현실을 돌아보면 이혼율은 해마다 급증하고 있으며, 자의에 의해서든 타의에 의해서든 전직을 하는 사람 또한 해마다 늘고 있다. 그만큼 '도중에 그만둔' 자신을 책망하는 사람도 늘었다. 우연히 이런 여러 가지 상황이 한꺼번에 겹치면 자기혐오감은 극에 달하고, '노력하지 않는' 자신을 책망하는 강도도 높아져 심지어는 자기 자신을 용서하지 못하는 상황에 이르기도 한다. 이것이 포기 프로그램이 일으키는 최악의 오작동이다.

"포기하지 마."는 시대착오적 발상이다

현대사회는 포기를 경멸하기만 해서는 살아갈 수 없는 시대다. 지금까지 이 사회를 지탱하던 '필사적인 노력'의 미덕은 점차 그 존재가치를 잃어가고 있다. 필사적으로 노력하는 일은 선택의 여지가 하나밖에 없던 시절에 살아남기 위한 생활의 지혜였다. 선택의 여지가 없었기 때문에 성공을 위해서는 참고 노력하는 수밖에 없었다.

그러나 현대사회가 추구하는 덕목은 필사적인 노력만이 전부가 아니다. 밝고 경쾌함이나 자기다움 등 다양하다. 현대인은 옛날처럼 필사적으로 노력하지는 않게 되었다. 포기가 빠르다. 그것은 이 시대에 부응하는 현상이니, 심각한 문제도 아니다. 회사 내의 인간관계 때문에 고민하면서도 꾹 참고 회사에 다니다 보면 이득보다 손실이 커진다. 그럴 때는 차라리 전직하는 편이 낫다.

또한 정떨어진 배우자와 일생을 함께 보내느니 빨리 이혼하는 편이 서로를 위해 좋다. 현대사회는 그런 일들이 허용되는 사회다. 여자 혼자서도 얼마든지 살 수 있고, 평생 마땅한 직업 없이 아르바이트를 하며 살아도 굶어죽을 걱정은 없다. 한마디로 자립이 가능한 시대인 것이다.

그렇다면 이런 시대 풍조에 맞게 오히려 '노력하지 않는 것'을 인생의 테마로 삼는다 한들 별로 문제 될 것이 없지 않을까? 그러나 유감스럽게도(아니, 다행스럽게도) 우리 인간은 아직 거기까지 진화하지 못했다. 우리 인간이 아직 극복하지 못한 문제가 있으니, 그것은 바로 시간, 즉 유한한 생명이다. 분명 인간의 수명은 점점 늘고 있으나 한계가 있다는 사실에는 변함이 없다.

생명 에너지 보존의 법칙은 한정된 에너지와 시간도 컨트롤한다. 에너지를 사용하지 않는다 해도 시간을 낭비하고 있다면 생명 에너지 보존의 법칙은 가동된다. 자신의 존재를 세상에 남겼는가? 종족 보존에 공헌했는가? 자신의 DNA는 잘 계승되고 있는가?

에너지를 걱정할 필요가 없어졌다는 관점에서 보면 현대인은 별로 노력이 필요하지 않은 환경에서 살고 있다. 그러나 '그렇다고 현대인이 행복한가?' 하는 문제에 봉착하면 의문이 생긴다. '노력하지 않으면' 당장은 편안하다. 그러나 그것이 그대로 행복으로 이어지지는 않는다. 에너지는 사용하지 않지만 시간은 무심하게 흐르고 미래에 대한 불안이 엄습해온다. 행복 프로그램이 가동되지 않기 때문이다.

선택의 폭이 넓어진 환경에 놓인 우리에게 요구되는 것은 '참고 견디는 능력'이 아니라 '선택하는 능력'이다. 이것은 우리가 노력해야 하고 노력할 수 있는 분야, 즉 귀중한 에너지를 쏟아 부을 만한 가치가 있는 분야를 선택하는 능력이며, 자신이 선택한 삶과 행복에 스스로 책임을 지는 일이기도 하다.

덮어놓고 노력하는 것이 아니라 어디서 어떻게 노력하느냐가 중요하다

| 그림 14 |

노력해야 하고 노력할 수 있는 분야에서 최선을 다하는 과정에서 효율적으로 시간을 활용한다는 인식이 생명 에너지 보존의 법칙을 만족시키며, 달성 가능한 목표를 향해 전진한다는 의식이 행복 프로그램을 가동시킨다. _그림 14

이를 위해서는 달성 가능한 목표를 선택하는 능력이 필요하다. 그런 능력은 반드시 포기 능력을 동반한다. '참고 견디는 능력'은 미덕으로 남겨두어도 좋으나, 그것이 포기 프로그램의 작동을 방해한다면 버려야 한다. 그러지 않으면 금세 시대에 뒤처지고 만다. 이 시대는 적절한 포기 능력이 미덕으로 인정받는 사회다.

어쨌든 이런 생각은 망령에 불과하다.

현대사회에서는 '포기하지 않고 필사적으로 노력하는 것'만이 능사가 아니다. 그것은 시대착오적 발상이다. 그러나 포기하기를 주저하는 사람들은 이런 변화를 따라가기가 벅차다. 그래서 균형이 깨지고 모든 일에 불필요하게 집착하는 경향을 보인다. 어떤 일을 포기하지 못하는 배경에는 '포기'에 대한 불필요한 오해와 편견이 있다. 이 장에서는 그 가운데에서 어떤 일을 포기하면 집단에서 따돌림을 당할지도 모른다는 두려움에 대해 설명했다.

포기하지 못하는 오작동의 원인에는 그 밖에도 '할 수 없는' 자신을 인정하는 데서 오는 두려움, 최고가 되기 위해 안달하는 마음, 사랑받지 못할지도 모른다는 불안감 등이 있다. 계속해서 그런 오작동의 원인들에 대해 살펴보도록 하자.

CHAPTER . 6

포기 프로그램의 오작동 2
'결정하지 못한다'

일단 시작한 일을 그만두지 못하는 오작동 속에는 결정을 망설이는 탓에 새로운 일을 시작하지 못하는 '결정하지 못하는' 오작동이 자리 잡고 있다.

● ─── 결혼을 결정하지 못하는 G씨

G씨는 서른여덟 살의 독신이다. 종합상사에 근무하고 있으며, 직장생활은 순조로운 편이다. G씨의 고민은 결혼이다. G씨가 특별히 여자를 사귀지 못했던 것은 아니다. 학창시절에는 인기도 꽤 많았다. 지금까지 진지하게 사귄 여자도 세 명이나 된다. 현재도 어떤 여성과 교제 중이다.

그러나 결혼이라는 말만 나오면 G씨의 발목을 잡는 것이 있다. 사귀기 시작하고 얼마간은 별 문제가 없으나, 여자 쪽에서 결혼 이야기를 꺼내면 그 여자의 단점이나 싫은 점이 눈에 보이기 시작한다는 것이다.

어렵게 결혼을 결심해야 할 때가 오면 G씨는 흥신소를 찾아가 상대에 대해 캐낸다. 그러다 보면 옛날에 친척 누군가가 음주운전으로 경찰서를 들락거린 경력이 있다거나, 남동생이 사채에 손을 대서 낭패를 본 적이 있다거나, 하다

못해 상대방 여자가 초등학교 때 교우관계가 원만하지 못했다거나 하는 등의
정보가 입수된다. 이 때문에 G씨는 결국 결혼을 단념한다.

　G씨는 비싼 돈을 들여 결혼정보업체에 등록을 하고 이런 저런 여자들을 만
난다. 그러나 만나는 횟수만 늘 뿐 특별한 관계로 발전하지 못한다. 회사 동료
들을 보면 가정에 얽매여 사는 모습이 따분해 보이기도 하지만, 즐거운 듯 자
기 아이들에 대해 이야기하는 모습을 보면 자신도 빨리 결혼해서 안정된 가정
을 꾸리고 싶다는 생각이 들기도 한다. 집에 들어가 혼자 불을 켤 때면 쓸쓸한
생각이 들기도 했다가, 어떨 때는 혼자 사는 것이 마음 편하다는 생각이 들기
도 했다가, 오락가락한다.

　나는 결혼이 하고 싶은 걸까? 하고 싶지 않은 걸까? 나라는 인간은 혹시 다
른 사람을 사랑할 수 없는 인간인가? 이대로 혼자 늙어 죽으면…? 그렇다고
아무하고나 대강 결혼할 생각은 추호도 없다. 오늘도 G씨는 컴퓨터 앞에서 맞
선 상대의 프로필을 뒤적이고 있다.

'결정하지 못하는
오작동'의 원인

정보의 홍수 속에서
갈팡질팡하다

인간은 선택의 여지가 두세 가지 있을 때가 가장 편하다. 짧은 시간에 기억할 수 있는 양은 많아야 일곱 가지 정도다. 교육현장에서 이런 사실이 가장 명확하게 드러난다. 선생은 하나도 빠뜨리지 않고 가르치려고 애를 쓰지만 학생들은 대부분 기억하지 못한다. 오히려 몇 가지로 정리하여 전달하는 편이 학생들이 기억하기에 훨씬 쉽다.

인간의 역사를 거슬러 올라가보아도 실생활에서의 선택은 기껏해야 몇 가지로 한정되어 있는 경우가 대부분이다. 선택의 여지가 많더라도 두 가지씩 비교해가면서(토너먼트 방식) 그 중 가장 좋은 것을 선택하는 방법을 사용하면 문제를 해결할 수 있었다. 간단한 예로 수많은 나무 열매 중에 가장 맛있어 보이는 열매를 선택하는 작업이 그것이다. 열매를 모두 따서 하나씩 비교해보면 된다. 토너먼트 방식이 익숙하지 않은 경우는 동물을 한 마리 선택할 때다.

크기나 털, 식욕, 젖, 힘 등 비교할 항목이 너무 많기 때문이다.

현대를 사는 우리도 선택의 여지가 몇 가지 정도 있을 때 가장 안정감을 느낀다. 선택의 여지가 하나밖에 없다면 주체성이 없어지기 때문에 미래를 자신의 힘으로 뚫고 나가기 힘들다. 하지만 선택의 여지가 너무 많아도 힘들다. 선택에는 많은 에너지가 필요하다. 정보를 수집하고 시뮬레이션해보고 비교해보아야 한다. 가장 힘든 작업은 '숨겨진 또 다른 선택처가 있는 것은 아닐까, 또는 내가 모르는 중요한 비교항목이 있는 것은 아닐까?' 하는 기대나 불안을 안고 결심을 단행하는 것이다. 여기에는 '미래의 가능성을 포기한다'는 불안함이 도사리고 있기 때문이다.

현대인의 '결정하지 못하는 오작동'이 일으키는 괴로움의 근본은 여기에 있다. 흘러넘치는 정보의 홍수 속에서 헤어나지 못하고 선택을 머뭇거리는 것이다. 한 세대 전만 해도, 집을 사려면 원하는 동네에 있는 부동산에 가서 조건에 맞는 몇 군데 집을 둘러보고 선택하면 됐다. 그것 외에 다른 방법은 없었기 때문이다. 그러나 지금은 집에 앉아서 인터넷으로 수천 개에 달하는 물건을 볼 수 있다. 주택 정보를 한눈에 알기 쉽게 보여주는 부동산 검색 시스템도 잘 갖춰져 있다. 그러나 아무리 많이 둘러보아도 여기보다 더 좋은 집이 있을지도 모른다는 기대감이나 불안감은 쉽게 가시지 않는다. 그래서 결국 결단을 미루고 만다.

결혼 상대를 고를 때도 그렇다. 100인 마을 시대에는 전부터 잘 아는 몇 명의 후보 중에서 적당한 사람을 고르면 문제가 해결되었지만(그럴 수밖에 없었으므로) 지금은 흠잡을 데 없는 훌륭한 사람과 사귀고 있어도 이 사람보다 더 좋은 사람이 있을지도 모른다는 미래의 가능성을 저버리기 힘들다. 그럴수록 상대방의 단점이 크게 보이기 시작한다. '역시 좀더 두고 봐야겠어.' 하면서 지금까지의 과정을 반복한다.

현대사회는 정보가 흘러넘친다. 누군가 정해주지 않으면 행동하기가 쉽지 않다. 맛있는 식당 정보를 알려주는 책이나 잡지가 없으면 식사조차 제대로 못하는 세상이 되었다. 사회는 더욱 풍요로워지고 선택의 여지는 훨씬 많아졌지만, 역으로 이런 것들이 우리를 괴롭히고 있다.

현대인의 모순 : 자유롭고 싶지만 책임은 지고 싶지 않다

'결정하지 못하는' 오작동은 선택의 여지가 너무 많다는 데서만 기인하지는 않는다. 농경 주체의 집단생활을 해온 사람들은 자신의 감성을 부정하고 누군가가 올바른 정보를 알려주기를 기대하는 습관이 생겼다. 그리고 그 정보대로 움직여야 행복이 찾아온다는 발상을 갖게 되었다. 그래서 스스로 생각하고 스스로 선택하기보다는 다른 사람과 함께 움직이고 모두가 하는 대로 해야 안심한다.

'이렇게 저렇게 해야 한다'는 사회규범이 통일되어 있는 경우라면 문제가 없다. 그러나 현대사회는 개성을 발휘하고 싶다든가 자유롭고 싶다는 인간의 본성이 허락되는 시대다. 그렇기에 '내가 원하는 대로 하고 싶다', '나만이 할 수 있는 무언가를 하고 싶다', '자신의 힘을 100% 발휘하고 싶다' 등의 욕구를 가지고 있으면서도 타인과 다른 행동을 하면 왠지 불안한 마음이 들게 되었다. 즉, '개인'이 발달되지 않은 상태로 개인의 자유가 인정되고 개인의 책임으로 행동하는 사회를 살아가고 있는 것이다. 개성을 발휘하고 싶고 다른 사람과 구별되는 옷을 입고 싶으면서도 항상 누군가를 동경하고 유행을

결정하지 못하는 오작동

중간목표
집단에서
벗어나고 싶지 않다.
자신의 인생을
책임지고 싶지 않다.
다른 사람과
다른 특별한 행동을
하고 싶지 않다.
누군가가 올바른
길로 인도해주면 좋겠다.
사회 전체를 통제하고
규율하는 잣대나
농밀한 인간관계가 희박해졌다.
"제대로
하란 말이야!"
정보의 홍수
선택의 홍수
학교
선택(포기) 연습을
회피해온 교육

| 그림 15 |

좇는다.

　자유로움은 두려움을 동반한다. 동료에게 따돌림을 당할 위험도 크고 자신
이 제대로 된 길을 가고 있는지 불안도 떨쳐버릴 수 없다. 걱정이 커질수록 자
신의 감정을 부정하고 타인의 잣대에 의존하는 경향도 커진다.

　그러나 정보의 홍수 속에서 자신이 정당하다고 생각하는 길을 선택해야 한
다. 여기에는 자신의 미래를 온전히 스스로 책임져야 한다는 부담도 따른다.
집단행동을 할 때는 집단의 움직임에서 벗어나지만 않으면 깊이 생각하지 않
아도 대부분의 일이 해결되었다. 집단에서 배척당할지도 모른다는 불안함도
없었다. 그러나 현대사회는 스스로 생각하고 선택하는 사회다. 자신감이 없으
면 지금까지의 습관대로 누군가에게 의존하게 된다.

　이것은 타인 중심의 삶이다. 그러나 타인은 항상 변하기 마련이므로, 타인
중심으로 살다 보면 삶이 피곤해진다. 마음속에서는 어딘가에 다른 삶의 방식
이 있다고 막연하게 느끼지만 사회 자체에 통일된 가치관이 없기 때문에 누구
도 그것을 채워주지 못한다. 그럼에도 끊임없이 추구한다. DNA에 그런 성향
이 심어져 있기 때문에 어쩔 도리가 없다._그림 15

리더십과 포기

'결정하는' 작업은 상당한 에너지가 필요한 작업이다. 결정을 내리기 위해서
는 과거의 데이터를 분석해야 하고 새로운 정보를 구축해야 하며 미래에 대한
시뮬레이션 작업도 해야 한다. 에너지 보존의 법칙 관점에서 보면 가능한 한
피하고 싶은 작업이다.

자녀가 시험에서 떨어진다거나 가족 중 누군가가 교통사고를 당한다거나 또는 엄청난 자연재해가 발생하여 나라가 위기에 처한다거나 하는 상황들, 대부분의 사람들은 이런 일은 생각조차 하기 싫어한다. 이런 일을 생각하거나 경계하는 데에 필요 이상의 에너지를 사용하지 않는다. 그러나 100명 중 한 사람 정도는 이런 경우까지 가정하고 후손을 남기기 위한 대책을 세워야 한다. 원시시대에는 호기심이 많고 신경이 예민한 사람이 그런 역할을 했을 것이다. 현대사회에서는 그런 특별한 경우를 상정하고, 앞날을 예측하고, 위기관리에 힘쓰는 일은 리더의 몫이 되었다. 그러므로 리더는 괴롭다. 보통 사람에 비해 상당한 에너지를 필요로 한다. 그러나 그 대가로 권력을 쥐고 추종자의 존경을 받는다. 식량이나 이성(異性)을 확보하는 데에도 특권이 주어진다.

한편 추종자는 매일 편안하게 생활할 수는 있으나 주도권은 갖지 못한다. 리더에게 열등감을 느끼기도 한다. 만족할 만큼의 권력이나 부, 이성을 차지할 기회도 적어진다. 인간은 각자의 능력에 따라 리더와 추종자로 나뉜다. 어느 정도 선에서 스스로도 리더와 추종자를 선택할 수 있으며, 선택해야 한다. 이럴 때 포기 프로그램의 적절한 가동이 필요하다. 자신의 능력(리더가 되었을 때의 손익계산, 추종자가 되었을 때의 손익계산)을 가늠하고 자신이 나아갈 바를 결정해야 한다.

집중의 원칙

군대의 운용에 집중의 원칙이라는 것이 있다. _그림 16

전술을 모르는 민간인은 적이 아군 기지를 둘러싸면 정면에서 공격하려고

집중의 원칙

| 그림 16 |

만 한다. 물론 적군에게 틈새가 있을 터이므로 공격이 용이한 전술이긴 하다. 그러나 이 전술은 '군사력이 분산'될 위험이 있으므로 그다지 바람직한 전술이 아니다. 군사력이 분산되면 국소전에서 상대를 제압하지 못해 결국 군력의 낭비를 초래한다. 그것보다는 그림에서처럼 적진의 한 곳을 제압하기 위해 힘을 집중하는 편이 훨씬 효율적이다. 이것이 가장 단순하면서도 효과적인 공격 방법이다.

집중의 원칙이 중요한 이유는 전력이 금방 분산되기 쉬운 인간의 약점을 경계할 수 있기 때문이다. 전력을 분산시키지 않기 위해서는 틈새가 보이는 모든 곳을 공격하고 싶은 충동을 '포기'하는 지혜가 필요하다. 가장 효과적이라고 판단되는 곳을 자신의 책임 범주 안에 넣고 여기에 힘을 집중한다. 이것이 살아남기에 가장 현명한 방법이다. 한 곳에 집중하는 작업은 고통 프로그램으로 욕구의 순위를 매기는 시스템과도 직결된다. 그때에도 가장 치열한 욕구에 '집중의 원칙'을 이용하여 힘을 배가시키기 때문이다.

'제일 중요한 목표를 향해 힘을 집중하는 전략'이 미래의 안전을 도모하는 동시에 생존확률이 가장 높은 방법이다. 이런 상태에서는 당연히 행복 프로그램이 입력된다. 이럴 때 가장 불안을 덜 느끼고 살아 있다는 기쁨에 충만해진다. 이렇게 하나로 집결시키는 일, 즉 선택하고 결심하는 일은 행복을 도모하는 데 있어서 중요한 포인트다.

지금까지, '할 수 없다'는 데서 오는 두려움과, 100인 오작동 중 하나인 '열등감'에서 오는 두려움이 포기 프로그램의 저울을 움직이기 어렵게 만든다는 점을 설명했다. 현대사회에서는 다른 사람보다 조금 열등하다 해도 살아가는 데 아무 지장이 없다. 미래에 어떤 불행이 우리를 기다리고 있는 것도 아니다.

그런데도 '이것을 포기하면 살아갈 수 없을지 모른다'는 막연한 두려움이 우리의 행동을 규제한다. 이것은 눈앞에 도로가 보이는데도 예전에 낭떠러지에서 떨어졌던 공포가 되살아나 다리가 후들거려 한 발짝도 움직이지 못하는 상태와 비슷하다. 자라 보고 놀란 가슴 솥뚜껑 보고도 놀란다. 그러나 일단 한 발을 디디면 전과는 다른 감각을 경험하게 된다.

오작동을 멈추게 하는 구체적인 방법은 나중에 다시 생각하기로 하고, 우선 우리의 포기저울을 흔들리게 하는 다른 오작동 저울추에는 어떤 것이 있는지 좀더 살펴보자.

CHAPTER . 7

포기 프로그램의 오작동 3
'만족하지 못한다'

우리 사회의 대부분, 혹은 다수의 사람들은 의식주를 보장받으며 살고 있고, 생명의 위협을 받고 있는 사람도 거의 없다고 볼 수 있다. 그러나 자신이 행복하다고 느끼는 사람은 과연 얼마나 될까? 제3자의 입장에서 보면 행복해 보이는 사람도 막상 본인의 이야기를 듣다 보면 이런저런 불안과 불만을 안고 있는 경우도 적지 않다.

●── 열등감에서 벗어나지 못하는 의사 H씨

H씨는 대학병원에서 근무하는 중견 외과 전문의다. 의사가 된 지 벌써 20년, 동기 중에는 대학교수가 된 사람도 있다. 개업의도 많다. 가끔 학회에 참석하면 모두 기세등등해 보인다. 추종자나 측근들도 많아 보인다. 그러나 자신은 일개 강사. 직속 상사였던 교수가 학과장이 되지 못한 것도 하나의 원인이다. 스탭들은 조교수인 동기의 지시를 따르려는 것처럼 보인다. 그 동기는 누가 봐도 밝고 사교성이 많은 사람이다. 게다가 조교수라는 직함까지….

　H씨는 점차 연구 논문도 발표하지 않게 되었고, 학회에는 그저 얼굴을 내

미는 정도일 뿐, 사교 모임에는 일체 나가지 않는다. 다른 사람의 부러움을 사고도 남을 만한 외과의사이지만 H씨는 "나 같은 사람은 의사랑 안 어울려요. 제 길이 아닌 것 같아요." 하며 오늘도 한숨을 내쉰다.

만족하지 못하는 오작동

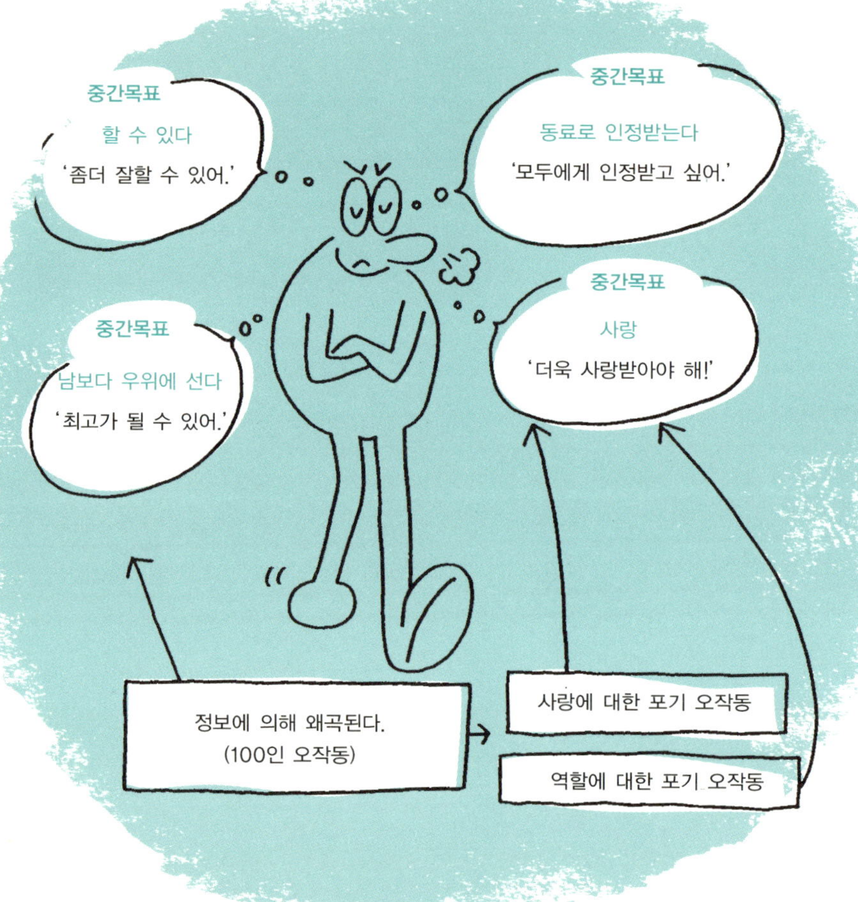

| 그림 17 |

정보에 의해 왜곡되는
'할 수 있다'는 감각

여기에서도 지나치게 발달한 정보가 우리를 함정에 빠뜨리는 원인 중 하나임을 알 수 있다. 예를 들어 성공한 가수가 텔레비전에 나와서 기나긴 무명시절에 대한 이야기를 할 경우, 우리는 '그래 맞아, 포기하지 않고 노력하면 언젠가 꿈은 이루어지는 법이야.' 하고 생각하면서 고개를 끄덕인다. 앞에서도 몇 번이나 언급했지만 확실히 이런 자세는 성공의 비결이다. 그것을 부인할 생각은 추호도 없다. 그러나 조금 냉정하게 생각해보자. 꿈이란 원래 '실현될 가능성이 낮은 것'이지 않은가? 가능성이 높은 것은 굳이 꿈이라고 표현하지 않는다.

　꿈의 또 다른 측면은 꿈을 꾸는 사람에게 돌아오는 보람이 매우 크다는 것이다. 예를 들어 복권은 일확천금을 노리는 대표적인 꿈이다. 도박, 경마 등도 그렇다. 확률은 매우 낮지만 보상이 그만큼 크기 때문에 포기하지 못한다. 비록 지금은 계속 잃고 있지만 성공하기만 하면 지금까지의 손실을 한 번에 만회할 수 있다는 역전의 꿈을 안고 우리는 도박의 매력에 빠져든다.

확률이 낮다는 사실은 안다. 그러나 여기서 우리는 정보에 농락당하고 만다. 성공한 사람의 정보는 손에 넣기가 쉽다. 그런 정보가 귀에 들어오면, '어쩌면 나에게도…' 하는 마음이 커지는 것이 당연하다. 이것도 100인 오작동 중 하나다. 100명 중 몇 명 정도는 이에 해당한다고 착각한다. 실제로는 수억 분의 일에 지나지 않는 확률임에도 불구하고.

이처럼 '자신에게는 가능성이 있다(할 수 있다)'고 느끼는 데에는 매스컴이 미치는 영향을 부인할 수 없다. 그러나 이것만으로 항상 불안을 짊어지고 사는 현대인의 행동패턴을 설명하기에는 어딘가 부족함이 있다. 가장 큰 문제는 '우리 스스로 만족하지 못한다는' 점이다.

가령 어떤 일을 성공시켰다고 가정해보자. 이에 만족하고 스스로 자신감을 가지면 좋을 텐데, 우리는 자신을 눈앞에 보이는 100명과 비교하려 든다. 그 결과 객관적으로는 훌륭한 성과를 거두었음에도 '나는 아직 멀었어!'라고 느낀다. 그러고는 자신감은커녕 열등감에 휩싸이고 만다.

매스컴이 발달한 덕분에 우리는 정보의 홍수 속에서 하루하루를 보낸다. 매일매일 성공한 사람들의 이야기가 귀에 들어온다. '포기하지 않고 노력하면 성공할 수 있다'는 신화가 화면을 장식한다. 우리가 접하는 100명 중에는 그런 식으로 끝까지 포기하지 않았기 때문에 성공을 거두었다는 사람이 몇 명이나 있다. 그에 비해 자신은 능력이나 노력이 부족하다고 느낀다. 이것이 '자기에게 만족하지 못하는' 오작동 패턴이다. 이 오작동의 밑바닥에는 '자신이 할 수 없다는 사실을 인정하지 못해서' 그만두지 못하는 오작동도 자리 잡고 있다.

'만족하지 못하는' 오작동은 이것뿐만이 아니다.

자신과 같은 주부, 샐러리맨, 학생들이 드라마나 영화 속에서는 열정적인 사랑을 하고, 일이나 스포츠에 몰두하면서 충만한 하루하루를 보낸다. 주인공은 언제나 동료나 가족 등 주변 사람들에게 소중한 존재로 부각된다. 우리는 이것을 '당연한 모습(나도 가능성이 있다, 나도 그런 대접을 받아야 한다)'으로 착각하고 받아들인다. 비교 프로그램이나 기대 프로그램이 작동하는 것이다. 그렇게 100인 오작동으로 왜곡된 정보 속에서 우리는 자신의 영역 밖에 있는 것까지 얻기 위해 조르고 칭얼거리게 된다. 그리고 그것이 가까운 사람들에 대한 불만으로 표출되는 경우도 있다.

'역할'에 대한 포기 오작동 : '자신의 일'이라고 인정하지 못하는 태도

인간의 행동에 큰 영향을 미치는 것이 바로 '역할'이다. 이것은 비교 프로그램과 연동하여 우리가 만족감을 느끼는 것을 방해한다.

●── 역할이란 무엇인가?

여기서는 역할을 100인 마을에서 자기에게 주어진 일(자신의 능력에 맞고 100인 마을을 지탱하기 위해 필요불가결한 일)이라고 생각하자. 이 역할을 충실히 수행하면 집단에서 인정받고 살아남을 수 있다. 따라서 이를 위해 필요한 최소한의 에너지를 사용한다. 다시 말해 역할이란 '에너지를 사용할 만한 가치가 있는 일'이다. 이 역할은 항상 타인과의 관계 속에서 의식적으로 행해진다. 각자가 자신의 능력에 맞는 일을 한다. 그때 우리는 '생명 에너지 보존의 법칙'의 잣대를 대고 자신의 할당량이 정당한 양인지 신중히 체크한다. 할

당량의 체크는 비교 프로그램이 주로 담당하지만, 자신이 남보다 더 많은 일을 하는 것은 아닌지는 역할마다 다르므로 매우 미묘한 작업이다. 나는 지금 이 일을 하고 있다. 상대는 다른 일을 하고 있다. 문제는 두 사람 사이에서 누가 해야 하는지 결정하기 힘든 애매한 일이 생겼을 때다. 그럴 때는 가능한 한 상대에게 그 일을 맡기고 싶은 욕구가 생긴다. 만약 자신이 맡는다고 해도 필요한 최소한의 일만 하려고 한다.

한 세대 전쯤만 해도 사회에는 암묵적인 규칙이 있어 역할이 비교적 명확했다. 좋고 나쁨에 대한 판단은 차치하고라도 주부는 이런 일을 해야 한다든가 남편은 저런 일을 해야 한다든가, 여자는 이래야 하고 남자는 저래야 한다는 등, 기준이 되는 척도가 있었다. 그것이 꽤 명확하게 구분되어 있었고, 사회 전반적으로 통용되었다. 상사와 부하, 교사와 학생, 부모와 자식, 장년과 청년…. 게다가 대개의 행동은 예측이 가능했다. 또한 그것은 개인의 직업에도 영향을 미쳤다.

그러나 지금은 그때와는 사뭇 다른 모습으로 변모했다. 예전과 비교해 직업 선택이 상당히 자유로워졌다. 성별이나 연령에 따라 '이래야 한다, 저래야 한다'는 의식도 급격히 무너지고 있다. 누군가가 결혼 전까지는 정조를 지켜야 한다고 발언한다면 원시인 취급을 받을 수도 있다.

그러나 사회의 진보(직업 선택의 자유, 사회 척도의 붕괴)가 우리의 에너지를 대량으로 소모시키고, 역할의 붕괴를 초래하고 있다는 사실을 감지하는 사람이 얼마나 될까?

두 사람 사이에서 애매한 일이 생겼다. 그러면 서로가 그것을 피하려고 한다. 서로에 대해서 느끼는 역할 이미지가 일치하지 않으면 이를 둘러싸고 치열한 접전이 펼쳐진다. 가장 흔한 예로 가사 문제가 있다. 아내는 '가사는 가족이 모두 협력해야 하는 일'이라고 생각한다. 자신도 직장에서 일하는 아내라면 가사를 전면적으로 자신의 역할 범위 안에 넣지 않는다. 가사의 일부는 남편 몫이라고 생각한다.

그러나 남편은 밖에서 돈을 버는 것이 자신의 역할이라고 인식하고 있다. 아내가 일을 하는 것은 아내 자신의 삶의 보람을 위해서이므로 가사는 당연히 아내의 몫이라고 생각한다. 고등학생인 딸과 중학생 아들은 가사는 자신들이 해야 할 몫이 아니라 부모의 일이라고 생각한다. 그러나 부모 입장에서 보면 충분히 가사를 도울 수 있는 나이가 되었으니 응당 어느 정도는 분담해야 한다고 생각하며 그것을 가정교육과도 연관짓는다.

… 이런 상황은 흡사 싸움터를 방불케 한다.

●── '역할'에 대한 속박이 포기를 무디게 한다

앞의 예에서 남편이 가사를 분담하면 그것으로 문제는 해결된다. 고된 일은 가전제품이 알아서 해주므로 그다지 힘든 일도 없다. 그러나 '생명 에너지 보존의 법칙'은 지금을 에너지의 위기라고 판단하기 때문에 여분의 일까지 맡으려고 하지 않는다. 게다가 그 역할은 '현재'에만 그치지는 않는다. 특별히 상황이 변하지 않는 한 그 일은 앞으로도 계속 자신이 담당해야 할 몫이 된다. 따라서 생명 에너지 보존의 법칙은 간단히 그 일을 수락하지 못한다. 그래서 별로 중요하지도 않은 일임에도 그것을 자신의 일로 받아들이는 데 큰 저항을 느낀다.

만약 부당한 일을 강요당했는데도 정당한 항의를 할 수 없는 경우라면 사태는 최악으로 치닫고 만다. 어쩔 수 없이 부당한 에너지를 소모해야 할 뿐 아니라, 생명이 위험(실체는 없더라도)에 노출된 상황에 빠졌는데도 그곳에서

실제로는 그다지 심각한 일이 아님에도
현대인은 필요 이상으로 피곤해한다

참고 견딤
이것은 내 일이 아니야!!
(에너지의 위기를 느낌)
E1
E3
이걸 계속해야
하나 하는 데서
오는 불안감
참고 견디자.
E2
실제의 작업량
(가사, 식량 조달 등)
실제의 작업
현대인
원시시대

| 그림 18 |

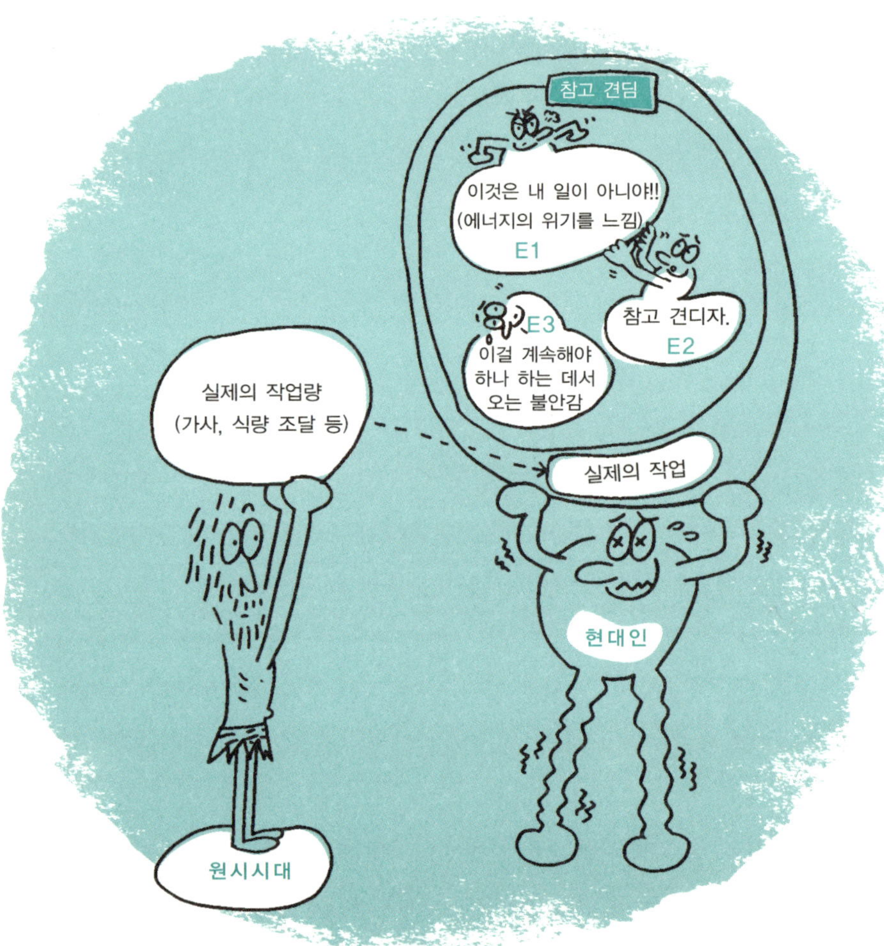

헤어 나올 행동을 취하지 못한다. 참고 견딜 수밖에 없다. 참고 견디는 작업은 상당한 에너지를 필요로 하는 작업이다.

그 상황은 이렇게 묘사할 수 있다._그림 18

먼저 부당한 에너지 소비를 강요받으면 그것을 회피하기 위한 행동을 개시하려고 몸이 준비 태세를 갖춘다. 머릿속으로는 상대를 어떻게 공격해야 할지 끊임없이 작전을 구상한다. 공격에 대비하여 심장은 심하게 요동치고 몸은 경직된다. 머리, 근육, 내장이 모두 활동하기 시작한다. 그 때문에 당연히 에너지가 소모된다(E1). 그러나 발동하지 못하는 경우 행위를 중지시키기 위해서는 또 다른 에너지가 필요하다(E2). 억제하는 힘 E2는 분노의 에너지 E1이 커지면 커질수록 덩달아 커진다. E1 상태에서는 즉시 행동에 옮기기 때문에 계속적인 에너지 소모는 종료된다. 그러나 행동으로 옮기지 않고 계속 참는 상태라면 에너지 소모가 그만큼 많아짐을 의미한다. 에너지 보존의 법칙은 이런 상태에 불안을 느끼고 불안 에너지를 사용한다(E3). 즉, 역할에 관한 트러블은 삼중고로 우리의 귀중한 에너지를 소모시킨다.

회사에서 자신의 일이 아니라고 생각되는 일을 아무 소득도 없이 떠맡아야 한다면 괴롭기 짝이 없을 것이다. A씨의 경우가 그렇다. 그러나 A씨와 마찬가지로 일을 억지로 맡은 것처럼 보이는 B씨의 경우는 다르다. 왜 그럴까? 실은 B씨에게 억지로 맡겨진 일은 자신의 힘으로 해보고 싶다고 생각하던 일과 비슷하기 때문이다. B씨에게는 이 일이 자신의 역할이었던 것이다. B씨는 운 좋게 '역할'의 싸움터에서 공방할 일이 없었으나, A씨는 역할의 속박에서 쉽게 벗어나지 못하고 그 일에 필요 이상의 에너지를 소모하고 있다.

역할을 포기하면 행동이 가벼워진다. 문제의 원인이 된 일을 해결하는 데 죽을 만큼의 에너지가 소모되는 일은 없다. 역할을 포기하자. 그러면 앞에서 말한 삼중고에서 해방되고 분노도 가라앉으며 인간관계도 호전될 것이다.

●── 정보에 의해 '역할'이 혼자 움직인다

'역할'의 치열한 싸움터에서 에너지 소모를 피하는 일은 DNA의 본능적인 행위이지만, 역할 자체는 태어난 후 사회에서 부여된 것이다. 예를 들어 100인 마을에서는 남자들은 마을의 남자들이나 자신의 아버지를 보면서 '남자' 또는 '남편'의 역할을, 여자들은 마을의 여자를 보면서 '여자'나 '아내'의 역할을, 그리고 마을의 어른과 아이들의 관계를 보면서 '어른'과 '어린이'의 역할을 익혔다. 자신에게 부여된 역할은 장래 아내가 될 사람에게 부여된 역할과 그다지 다르지 않았으며, 실제로 자신이 보고 배운 역할이었다. 즉, 누구나 공감하는 보편타당한 역할이었다.

그러나 현대사회는 구성원마다 역할이 매우 다르고 그에 따라 역할의 범위도 복잡해졌다. 교통 통신의 발달로 교류가 확대된 것도 이런 '역할의 전쟁터'를 조성하는 하나의 원인이 되었다. 여기에 기폭제가 된 것이 바로 정보이다. 가족을 예로 들면, 예전에는 사회 통념적인 역할 외에 부모와 자식이 서로에게 특별한 역할을 기대하는 일은 거의 생각하기 어려웠다. 그러나 현대에는 이런 예가 빈번하게 발생한다. 자신의 부모나 주변의 다른 부모들의 모습만을 보고 부모의 역할을 인식하던 시대와 달리, 텔레비전 드라마나 영화, 책 속에 등장하는 이미지가 이상적인 부모의 이미지로 투영되어 부모는 이러이러해야 한다는 인식이 심어지기 때문이다(기대 프로그램).

아이들은 자기도 모르는 사이에 이상적인 부모와 현실 속 부모를 비교한다. 드라마에 나오는 부모는 이렇게 해주는데 현실 속의 부모는 그렇게 해주지 않는다. 여기서 오는 괴리감에 아이들은 괴로워한다. 이 문제는 다음 장에서 논할 사랑에 대한 집착 부분에서 다루겠으나, 부모는 이러해야 한다는 이상 속에서 설정한 부모의 역할이 문제이기도 하다.

또한 남녀의 '역할'이나 '사랑'에 대한 집착도 필요 이상으로 우리를 괴롭힌다. 소설이나 드라마는 현실과는 동떨어진 허황된 모습으로 묘사되는 경우가 많음에도 우리는 그런 모습을 상대방에게 기대한다.

충돌하기 쉬운 문제로는 가사와 육아, 금전적인 문제, 배우자의 이성관계 등이 있다. 실제로 이런 문제들이 이혼의 주된 원인이 된다. 특히 성에 관한 정보는 노골적으로 터놓고 말하기가 어렵다. 대개의 정보 루트는 책이나 비디오 등이다. 돈을 목적으로 하는 미디어는 성을 과장되게 포장하기 마련인데, 우리는 그것을 보고 '세상은 이렇게 돌아간다. 아내(남편 또는 연인)는 이렇게 해주어야 한다.'고 심각하게 고민한다. 그러고는 그렇지 못한 현실을 한탄하면서 필요 이상으로 괴로워한다.

상대방이 (우리가 생각하기에) 해야 하는 일을 해주지 않을 때 에너지 보존의 법칙은 불만을 표시한다.

그러나 '아니야, 현실은 달라.'라는 냉정한 판단이 불만을 드러내는 것을 '참게' 만든다. 여기에는 또 다른 에너지가 소모된다는 사실은 앞에서 말한 대로다. 한술 더 떠서 자신은 사랑받지 못한다고 낙담하며 '사랑'이 응석을 부리기 시작한다. 이것이 상대방에 대한 분노로까지 이어져 인간관계를 무너뜨리는 원인이 되기도 한다.

다음으로 응석받이 '사랑'을 생각해보자.

사랑의 포기 오작동

예로부터 사랑의 상실감은 감당하기 힘든 일 중의 하나였다. 이것은 남자와 여자로 나뉘어 있는 인간의 숙명이기도 하다. 그러나 내 눈에는 이런 인간의 본질적인 고통마저도 현대사회에서는 오작동되고 있는 것처럼 보인다. 이런 오작동 때문에 필요 이상의 고통을 느끼고, 집착하지 않아도 되는 부분에 지나치게 집착하면서 괴로워하는 듯 보이는 것이다.

사랑(성애)은 자손을 남기기 위한 중요한 기능이다. 이성을 사랑하고 이성과 하나가 된다. 그리고 적어도 3년 후에는 두 사람이 협력하여 새로운 생명을 키워나간다. 가혹한 원시 환경에서 두 사람이 힘을 합하지 않으면 저항력이 없는 아이는 생명의 불씨를 연명하지 못했다. 그렇기 때문에 사랑은 육체적인 기능인 동시에 아이를 키우기 위해 협력관계를 유지하기 위한 정신적인 기능이기도 하다.

그런데 현대사회는 어떤가?

의료기술의 발달로 신생아의 사망률은 극감했다. 생활이 윤택해지면서 힘든 노동을 하지 않아도 먹고사는 데 지장이 없는 시대가 되었다. 원시시대와는 비교가 되지 않을 만큼 안전 또한 보장된다. 남자의 보호 없이도 여자 혼자서 아이를 충분히 키울 수 있다. 극단적인 예로 씨만 받아(노골적인 표현을 써서 죄송하지만) 아이만 낳고 귀찮은 결혼생활은 하기 싫다는 사람도 있을 정도다. 남자 입장에서도 맡기기만 하면 엄마를 대신해서 아이를 키워주는 보육원이 있으니, 굳이 결혼생활에 얽매일 필요는 없을 것 같다.

이렇듯 객관적으로는 사랑 없이도 아이를 키울 수 있는(DNA를 남길 수 있는) 시대라 해도 과언이 아니다. 또한 자신이 거부하지 않는 한, 한 번 사랑에 실패했더라도 또 다른 사랑을 추구하는 일은 얼마든지 가능하다. 100인 마을에서는 적령기의 남성 수가 적었기 때문에 한 번의 실연이 자손의 부재로 이어질 가능성이 높았다. 그러나 현대는 바야흐로 분열과 재결합의 시대. 어찌 보면 이혼과 재혼이 당연한 일이 되었다.

만남의 가능성 또한 100인 마을과 비교조차 할 수 없다. 마음만 먹으면 인터넷이나 전화 등 다양한 채널을 통해 당장 오늘이라도 다양한 연령대 혹은 타 지역의 이성과 관계를 맺을 수 있다. 낭만이라고는 눈곱만큼도 없는 표현이지만 바야흐로 '사랑'이 없어도 살아가는 데 아무 지장이 없는(DNA를 남길 수 있는) 시대가 온 것이다. '씨'도, '육아환경'도 원시시대에 비해 간단히 손에 넣을 수 있으며, 당장 없다손 치더라도 보충하는 것은 시간문제다.

그러나 우리는 사랑을 갈구한다. 현실적으로는 그다지 필요 없음에도 우리의 DNA에는 '사랑을 갈구하는' 지령이 강하게 내려지고 있다. '사랑'은 상당히 강력한 흡인력을 가진 중간목표다. 그래서 우리는 '겨울연가'와 같은 순애보적인 사랑에 마음을 빼앗긴다. 사랑을 잃지 않기 위해서 필사적으로 노력하고, 그것을 상실했을 때 비탄에 잠긴다. 따라서 사랑을 포기해야 하는 경우에는 포기저울이 좀처럼 작동하지 않아 애를 먹는다.

●── 부모의 사랑, 자식의 사랑

사랑의 오작동은 부모와 자식 사이에서도 빈번하게 발생한다.

생물학적 미숙아로 태어나는 인간은 부모의 보호와 사랑이 없으면 생명을 지탱하기가 어렵다. 그래서 필사적으로 부모의 사랑을 갈구하고 자기를 보호해주는 부모를 애타게 그리워한다. 본능적으로 그렇게 프로그래밍되어 있다. 그러나 실제로는 부모가 없어도 아이는 자랄 수 있다. 부모가 저녁밥을 지어

주지 않아도 식당이나 편의점에서 음식을 사다 먹으면 끼니는 해결된다. 부모가 지켜주지 않아 외부의 적에게 죽임을 당할 위험도 없다. 그러나 자식들은 끊임없이 부모의 사랑을 갈구한다. 부모의 사랑이 없으면 살아가지 못할 것만 같은 착각에 빠진다. 혼자서도 얼마든지 살아갈 수 있는 성인이 되어 이제는 오히려 부모를 보호해주어야 하는 나이가 되었음에도 부모 때문에 소외감을 느끼고 괴로워하는 사람이 의외로 많다.

반대로 자식과의 관계가 소원해져 자식이 더 이상 자신을 사랑하지 않는다는 생각에 힘겨워하는 부모들도 많다. 보통 부모는 자식을 자신의 지배 아래 두려는 경향이 있다. 자신의 DNA가 예상치 못한 위험에 빠질까봐 두렵기 때문이다. 사랑하기 때문에 자신의 시야에 두고 보호하려 한다. 그러나 자식은 부모의 이런 지배를 '자유를 빼앗는' 행위로 인식한다.

한편으로 부모는 자식에게 존중받고, 사랑받고 싶어한다. 자식에 대한 사랑의 바탕에는 노후의 자신을 돌봐주길 바라는 마음이 깔려 있다. 가혹한 농사일이나 수렵활동이 불가능해지면 살아가기 위해 자식의 힘이 필요하다. 부모가 자식을 소중하게 키우는 데에는 자신의 DNA를 남기겠다는 직접적인 동기가 있으나, 부모의 노후를 돌봐야 하는 자식으로서는 그다지 뚜렷한 동기도 이득도 없다. 부모가 자식에게 기대고 자식이 그것을 받아들일 수 있는 이유는 오직 '사랑' 프로그램 때문이다.

현대사회에서는 부모와 자식 사이에 적당한 거리를 두고 지내는 생활방식이 편할 때가 많다. 밀접하게 관계를 맺지 않아도 살아갈 수 있는 시대이기 때문이다. 그럼에도 부모의 사랑은 자식을 지배하고자 한다. 결과적으로 그런 행위가 자식으로부터 소외감을 느끼고 사랑받지 못한다는 느낌을 조장하는 원인이 된다. 자식에 대한 사랑을 포기하지 못해서 벌어지는 악순환이다. 이처럼, 부모는 이래야 한다, 자식은 이래야 한다, 남편은 이래야 한다는 등의 '역할' 저울추에 '사랑'이 더해지면 포기저울의 불균형이 더욱 심각해진다.

지금까지는 주로 '어떤 행동을 중지(포기)하는 것'에 대해 고찰해보았다.

그러나 이미 포기했다고 단념한 일도 실은 깨끗하게 포기하지 못해 미련이 남아 우리를 상당 시간 고통으로 몰아넣는다. 이 때문에 너무나 많은 에너지가 소모되고 정신적으로 피로가 쌓이면서 사태를 더욱 악화시키는 경우도 종종 있다. 다음 장에서는 현실을 받아들이지 못해(즉, 포기하지 못해) 암울한 시간을 보내면서 정신적으로 피로를 축적해가는 사례를 살펴보고, 이를 극복하는 방법을 생각해보자.

CHAPTER . 8

포기 프로그램의 오작동 4

'잊지 못하고, 받아들이지 못한다'

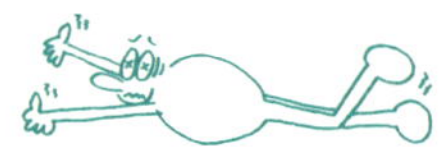

●── 스스로 선택한 일임에도 한숨만 거듭 쉬는 S씨

중견 전기회사에서 근무하는 S씨. 현재 쉰세 살. S씨는 한참 경기가 좋을 때이 전기회사에 입사했다. 동기들은 이미 부장 자리에 올랐는데, 자신은 아직과장직에 머물러 있다. 그것도 그다지 주목받지 못하는 부서에서다. 그러나자신은 동기들에게 지지 않을 만큼 열심히 일해왔다고 자부하며, 나름대로 성과도 올렸다. 그러나 딱 한 번 상사와 크게 다툰 것이 그의 출세에 큰 타격을입혔다. 그러나 고객을 위해 소신을 가지고 한 행동이기 때문에 후회는 하지않는다.

그 일이 있은 직후 지방으로 발령이 났지만, 기죽지 않고 열심히 일했다. 지점장에게도 인정을 받아 3년 후 다시 본사로 복귀했다. 그러나 쉰이 넘도록제일선의 일을 한 번도 맡아보지 못했다. 그러는 사이에 윗사람이 다시 지방에서 근무할 의사가 있는지를 타진해 왔다. 알아보니 그다지 좋은 자리가 아니었다. 그 자리를 거쳐온 선배들의 경력을 보면 자신이 회사에서 어떤 평가를 받고 있는지 대강 짐작이 갔다.

S씨는 출세를 포기하고 앞으로는 '회사인간'에서 벗어나 가족을 위해 소신껏 살아가겠다고 결심하고 지방 전근을 거절했다. 나름대로는 옳다는 판단 아래 내린 결정이었다. 더 이상 미련도 없었다. 그러나 얼마 후 입사동기 중에서 '저 인간에게만큼은 지지 않아!'라고 생각했던 동료가 부장이 되었다. '다른 사람은 몰라도 저 인간만은…' 하고 생각하던 그 동료에게서 "어이, 잘 지내고 있나? 시간 나면 부장실에 한번 놀러오지 그래."라는 말을 들었을 때는 굴욕감마저 느꼈다.

"그렇게 큰 문제는 아니에요. 나름대로 상황을 판단하고 있어요."라는 말을 반복하는 그의 얼굴에 고통이 번졌다.

포기는 했지만
포기를 받아들이지 못한다면

포기가 어려운 이유는 지금까지 살펴본 대로이다. 그러나 현실적으로 우리는 살아가면서 어떤 일을 포기해야만 하는 상황에 부딪치게 된다. 실연을 당했을 때, 시험에 떨어졌을 때, 출세에서 멀어졌을 때, 평생을 바쳐 일해온 회사가 망했을 때, 거래 은행이 도산해서 맡긴 돈을 찾을 수 없을 때….

어찌하지 못하는 현실을 마주한 우리는 필사적으로 '포기하기 위해' 노력한다. 그러나 좀처럼 포기하지 못하고 계속 그것에 매달리고 끌려 다닐 때가 많다. 심하면 그것이 마음의 상처로 남아 그 때문에 자신감을 잃고, 살아가는 데 필요한 에너지를 전부 소모하는 경우까지 있다.

포기 프로그램은 에너지 절약 프로그램이다. 표면적으로만 보자면 중간에 어떤 행동을 그만두면 그 다음부터는 거기에 소모되는 에너지의 낭비를 피할 수 있는 것처럼 보인다. 그러나 이것을 받아들이는 일에 실패하면 포기 프로그램이 오작동을 일으켜서 비록 그 행위를 멈추었다 하더라도 결과적으로 에너지 소모가 커진다. 에너지 소모가 극한 상태에 달하면 포기 프로그램은 단순히 '어떤 일'을 포기하는 것이 아니라, 자칫해서 '인생' 자체를 포기하는 오작동을 일으키거나, '절망 프로그램' 오작동으로 발전되기도 한다. 이것이 포기 프로그램이 일으키는 최악의 오작동이다.

어떤 과정을 거쳐 이들이 오작동을 일으키는지 살펴보자.

'잊지 못하고,
받아들이지 못하는'
오작동의 원인

'잊지 못하고, 받아들이지 못하는' 오작동의 주역은 '자책 프로그램'과 '잊어 버리자'식 대처다. 이 두 가지의 상승작용으로 우리는 과거에 끌려다니며 소중한 에너지를 계속 소모한다.

자책 프로그램

원래 자책감이란 '사태가 이렇게 된 것은 내 책임이므로 내가 나서서 해결해야 한다.'는 인식에서 출발한다. 즉, 사태를 자신이 타개할 수 있다는 가능성에 대한 판단과, 그렇기 때문에 노력해야 한다는 두 가지 맥락에서 자책감이 성립된다. 인간은 본능적으로 지금까지 경험하지 못한 사태에 직면하면 자책 프로그램을 가동시킨다. 사태를 있는 그대로 받아들이기보다 자신이 사태를 변화시킬 수 있다고 믿고 행동하기 때문에 실제로 상황을 변화시킬 가능성은 높다. 궁극적으로는 긍정적인 마인드라고 할 수 있다. 이런 프로그램 덕분에 인간은 환경을 변화시키고 만물의 영장이라는 지위를 차지했다. 간단히 말하면 인간에게는 사태를 '자기 책임으로 돌리려는' 경향이 있다.

원시인의 생활은 기후나 자연환경에 크게 영향을 받았다. 예를 들어 쨍쨍한 날이 계속되어 물이 마르고 가뭄으로 농작물도 메말랐다. 이럴 때 인간은 신에게 기우제를 드렸다. '자신들이 어떤 잘못을 저질렀다 → 기우제를 드린다(신에게 사죄한다) → 신이 노여움을 푼다 → 비가 온다'는 식의 발상이다. 이것은 날씨조차 자신들의 행위로 바꿀 수 있다는 의식 때문이다.

자신이 컨트롤할 수 있는 상황 아래 있다고 믿으면 사태를 호전시킬 수 있으며, 다음부터는 비참한 사태를 비껴갈 확률이 높아진다. 인간이 징크스를 믿는 것은 이 때문이다. 특히 어떤 사태가 벌어질지에 대한 정보가 적을 때는 이런 경향이 더욱 두드러지게 나타난다.

예를 들어 어떤 비참한 사태를 맞았다고 가정해보자. 그것을 자신의 탓으로 돌리고 사태를 수습하고자 한다면 후회와 고통이 큰 대신 앞으로 비슷한 상황이 벌어졌을 때 대처가 가능하다. 그러나 만약 자신의 탓이 아니라고 모른 척한다면, 다음에 비슷한 사태가 벌어져도 상황을 컨트롤하지 못한다. 대신 언제 또다시 그런 비참한 상황에 부닥칠지 모른다는 불안한 마음에 안절부절못할 것이다. 그렇기 때문에 비참한 사태가 벌어졌을 때 인간에게는 자연스럽게 그것을 자신의 탓으로 돌리고 사태를 해결하려는 의식이 싹튼다. 이런 경향은 주위 사람들이 '네 탓이다'라는 눈치를 보낼 때 더욱 확고하게 자리 잡는다. 강간을 당한 피해자가 경찰에게 "혹시 합의하에 벌어진 일은 아닌가요?"라는 질문을 받으면 '역시 내가 잘못한 거야. 내가 틈을 보여서 당한 거야. 모두들 그렇게 생각하고 있어!'라고 자책하는 경우도 이런 경향을 잘 말해준다.

　부모의 이혼이라는 돌발적인 사태를 맞이한 아이가 자기 때문에 부모가 이혼한다고 생각한 나머지 "죄송해요. 이제부터는 말 잘 들을게요." 하면서 울며 애원하는 것도 이런 맥락이다. 내가 원인이라면 내 힘으로 어떻게든 해결할 수 있다. 그러나 내 탓이 아니라면 사태를 처리할 수단이 없다. 그러므로 어떤 문제에 당면했을 때 자신의 능력이 미치지 않는다는 사실, 자신의 책임이 아니라는 사실을 인정하기가 힘든 것이다.

　인간이 자신의 삶의 목표였던 어떤 것을 상실했다고 가정해보자. 예를 들어 사랑하는 가족을 잃었다든가, 대를 이어 경영하던 회사가 부도났다든가, 인생의 목표로 삼았던 시험에서 떨어졌다든가 하는. 이럴 때 어떻게 대처해야 좋을지에 대한 정보가 없으면 인간은 일단 모든 문제를 자신의 탓으로 돌린다. 이 자책이 '잊어버리자'식 대처와 결합하면 오랫동안 자신을 괴롭히는 사슬이 되기도 한다.

'잊어버리자'식 대처의 위험성

어떤 갈등이 발생했다. 그것을 없던 일로 치고 평상시처럼 지낸다. 잊어버리려고 애썼다. 그러나 가끔 '정말 이걸로 된 걸까?' 하는 생각이 든다. 자신의 인생임에도 어쩐지 손을 놓고 방관하는 듯한 느낌이다. 조금 다른 인생이 될 수 있었는데… 하면서. 이처럼 무언가에 얽매인 듯한 느낌, 즉 포기한 후의 갈등과 미련을 정리하기 위해 잊으려고 노력하지만 좀처럼 쉬운 일이 아니다. 잊으려고 노력하는 것은 분명 훌륭한 대처법이다. 그러나 '잊었다고 생각했지만' 잊지 못하는 자신이 현실에 존재하기 때문에 문제가 된다.

잊기 위해 노력하는 대처법은 다음과 같은 한계를 드러낸다.

먼저, 이로 인해 어떤 괴로운 상태에 처하거나 곤란한 선택을 강요받을 수 있다. 자기 나름대로 납득하고 마음을 정리한 후 어떤 감정(예를 들어 누군가와 결혼하고 싶다거나, 어떤 직업을 갖고 싶다거나, 어떤 시험에 합격하고 싶다거나 하는)을 잊는다. 없던 일로 치고 평상시처럼 지내려고 노력한 결과 어느 정도는 평온한 나날을 보낸다. 그러나 이러한 억지로 '잊어버리자'식 대처법에는 우리가 간과하기 쉬운 함정이 있다.

갑작스러운 주문이긴 하지만 실험을 위해 달팽이를 한번 떠올려보기 바란다. 큰 나뭇잎이나 상자 벽을 천천히 기어다니는 모습을 가능한 리얼하게 상상해보기 바란다. 그 다음에는 1분 동안만 달팽이 생각을 절대 하지 말고 다른 일을 생각하기 바란다. 어떤 것이라도 좋다. 단, 달팽이만은 의식 속에서 지워버리도록 노력하자. 책을 잠깐 접고 시험해보자.

어떤가? 생각처럼 잘되는가? 유감스럽지만 대부분의 사람들은 달팽이 생각을 하지 않는 데 실패했을 것이다. 생각해서는 안 된다고 아무리 마인드 컨트롤을 해도 지긋지긋한 달팽이가 머리 한 구석에서 계속 기어다닐 것이다. 떼어버리려고 하면 할수록 새로운 이미지가 달팽이에게 점령당하는 느낌이 드는 사람도 있을 것이다. 왜 그럴까?

잊으려 하는 행위는 의식에서 떼어내려는 작업이다.

의식을 운동장이라고 가정한다면, 잊는 행위는 어떤 사람을 운동장에 들여놓지 않게 하려는 작업에 비유할 수 있다. 그 사람이 운동장에 들어오지 않으면 그 사람을 생각하지 않아도 된다. 우선 여러 사람이 한꺼번에 운동장으로 들어오려고 할 때 '그 사람'을 다른 사람과 구별하여 차단시켜야 한다. 그러기 위해서는 차단시켜야 한다는 의식, 즉 문지기가 필요하다. 그런데 여기서 문제가 발생한다. 문지기 또한 운동장 안에 있는 사람이다. 그래서 문지기가 '그 사람'을 운동장에 들여놓지 않기 위해서는 '그 사람을 절대 들여놓아서는 안 된다'는 사실을 잊지 말아야 한다. 그런데 '절대 들여놓으면 안 돼!' 하고 의식하면 할수록 그 사람의 얼굴을 필사적으로 기억해야 하는 모순에 빠진다.

다시 말해, 잊으려고 하면 할수록 의식이 그 모습을 기억하게 되는 것이다. 떠올리기조차 두려운 대상이라면 그 형상은 더욱 선명하게 의식 속에 자리 잡는다.

에너지를 소모시키는
망각과 자책 프로그램 _그림 19

'잊어버리자'식 대처법의 또 한 가지 문제점은 분석작업이 중지된다는 점이다. 우리는 어떤 문제가 발생했을 때 그 일에 관한 정보를 모으고 다양한 방면에서 분석(사고)한 후 애써 차분하게 그 문제를 받아들이고자 한다. 예를 들어 대학 입학시험에서 떨어졌다고 가정해보자. 처음에는 충격을 받겠지만 마음이 가라앉으면 다양한 정보를 모은다. 경쟁자들은 어떻게 시험 준비를 했는지, 예년에 비해 합격자 수는 많은지 적은지, 실패한 원인은 무엇인지 등등.

어떤 사람은 경쟁자도 떨어졌다는 사실을 듣고, '그 사람이 떨어질 정도라면 내가 떨어지는 건 당연해.' 하고 포기한다(받아들인다). 어떤 사람은 합격자 수가 적다는 사실을 알고, '올해는 시험이 특히 더 어려웠나보네.' 하고 포기한다(받아들인다). 어떤 사람은 자기 약점을 인정하고, '이번엔 어쩔 수 없었어. 난 수학에는 영 소질이 없으니까. 내년엔 수학 공부를 더 열심히 해야

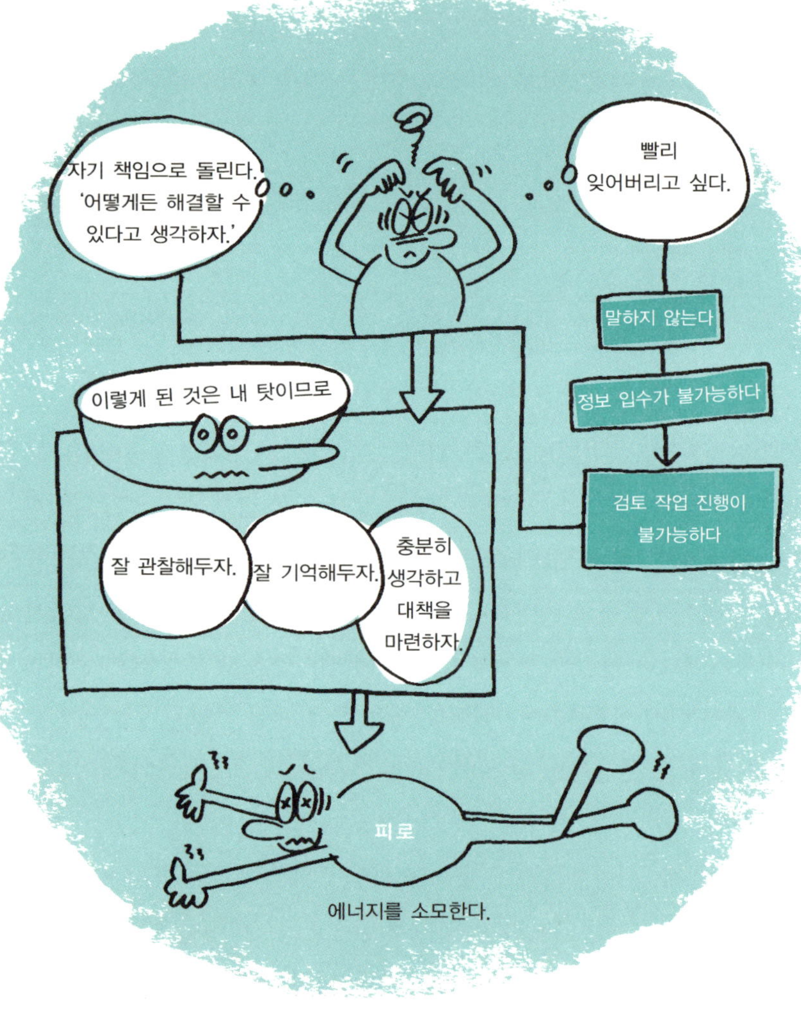

잊지 못하는 오작동
자기 책임으로 돌린다. '어떻게든 해결할 수 있다고 생각하자.'
빨리 잊어버리고 싶다.
말하지 않는다
정보 입수가 불가능하다
이렇게 된 것은 내 탓이므로
검토 작업 진행이 불가능하다
잘 관찰해두자.
잘 기억해두자.
충분히 생각하고 대책을 마련하자.
피로
에너지를 소모한다.
그림 19

지.' 하고 받아들인다. 또 어떤 사람은 그 학교의 경영에 문제가 있다는 신문 기사를 보고 '이런 학교에는 가지 말라고 신이 계시를 내리신거야.' 하고 받아들인다. 그러나 '잊어버리자'식 대처는 그 일에 관한 정보를 모으거나 생각하는 작업을 의식적으로 회피하는 방법이다. 그러면 그 내용은 처음에 그 사람이 받았던 인상이나 느낌 그대로 봉인되어버린다.

앞의 예와 관련하여, '잊어버리자' 식 프로그램을 작동시킨 사람은 '나만 시험에서 떨어졌어! 이제 내 인생은 끝이야! 뭘 하든 난 안 돼! 모두 날 비웃을 거야!'라는 생각을 그대로 담은 채 앞으로의 인생을 살게 된다. 이것은 문제 해결의 자연스러운 대처방법이 아니기 때문에 이런 생각이 없어질 때까지는 상당한 시간이 필요할지도 모른다.

이것만이 아니다.

앞에서 '인간은 가지고 있는 정보가 적으면 자책 프로그램을 작동시키기 쉽다.'고 말한 바 있다. 그런데 '잊어버리자'식 대처로는 정보를 모으기 힘들다. 게다가 적절한 처리가 수반되지 않기 때문에 자책이 아닌 '사태의 분석'으로 발전하지 못한다. 자책 프로그램이 작동한다는 것은 '그 일은 네 탓이니까 계속 기억해둬. 앞으로도 그런 일이 일어날지 모르니까 어떻게 해결할지 계속 생각해야 해. 만일의 사태에 대비해 항상 경계 태세를 갖춰야 해.'라는 의식이 존재한다는 뜻이다. 이렇게 기억하고 대책을 찾고 경계하기 위해서는 에너지가 사용된다. 이렇듯 자책은 상당한 에너지를 필요로 한다.

단순히 어떤 것을 보존하는 데에도 에너지가 소모된다. 집에서 가장 에너지를 많이 소모하는 전자제품은 화려한 영상과 소리를 내보내는 텔레비전이 아니다. 에어컨이나 청소기도 아니다. 살금살금 계속 에너지를 소모하는 것은 음식을 24시간 넣어두어야 하는 냉장고이다. 냉장고처럼 기억의 '보존'을 위해서는 상당한 에너지가 필요하다.

우리가 "네 탓이 아니야."라는 말을 들었을 때 안심하는 이유는 이런 계속적인 에너지 소모를 멈출 수 있기 때문이다.

포기가 영향을 미치는 것은 이것만이 아니다.

어떤 사람에 대한 구애를 포기하려고 할 때를 예로 들어보자. 상대에게서 적극적인 반응이 오지 않고 밀리는 느낌이 들 때 마음속에는 비용 대비 효과 저울이 움직인다. 시간과 돈, 정열을 쏟아 붓고 노력하는데도 그에 상응한 효과가 나타나지 않는다고 느끼면 포기저울은 떨떠름하지만 상대를 포기하려고 할 것이다.

그러나 포기 프로그램은 유연한 프로그램이다. 포기는 단순히 '지금은 가능성이 없다'라고 판단할 뿐이다. 다시 말하면 현재의 포기가 완벽한 포기가 아닐 때 '앞으로는 바뀔 가능성이 있다'고 생각하며 상황을 주시한다. 그러기 위해서는 그녀의 기호나 행동패턴을 계속 기억해야 하며, 혹시라도 어떤 변화가 생겼을 때 어떻게 하겠다고 생각해두어야 한다. 앞에서도 말했듯이 이런 지속적인 기억과 대책 모색, 감시에는 상당한 에너지가 소모된다.

적은 에너지로 가까스로 지탱하고 있을 때, 어떤 사태에 대응하기 위해 기억 담당자, 대책 입안자, 감시원을 따로 두면 그만큼 에너지 손실이 커진다. 우리가 포기하지 못하고 답답해하는 것은 바로 이런 손실 때문이다. 그렇기 때문에 우리는 완전히 떨쳐내고 싶어한다. 그러면 직접적인 에너지 손실은 없어진다. 희망 없는 곳에 그렇게 많은 에너지를 소모하는 것은 위험하다. 만약 연인과 헤어지고 싶다면 한 번에 거리를 두는 편이 좋다. 편지나 사진 등 기억을 회상시키는 요소를 없애고, 휴대전화를 바꾸는 등 연락 방법을 없애야 한다. 지금은 괴롭지만 일시적인 고통을 겪을지, 당장은 덜 아프지만 미래의 걸림돌을 치우지 못해 피곤한 인생을 보낼지, 선택은 당신에게 달려 있다.

포기 프로그램이 일으키는
최악의 오작동, 자살

나는 자살이 인간이 어떤 일을 고민하는 과정에서 일어나는 행위라고 보지 않는다. 자살은 인간이 정신 에너지를 너무 많이 소모했을 때 일어나는 오작동이라고 생각한다. 오작동이므로 피할 수 있다.

'죽고 싶다'는 생각이 드는 것도 원래 부정적인 성격 탓이 아니다. 그 사람이 회복하지 못할 정도로 무너졌기 때문도 아니다. 다만 원래 그 사람을 지키기 위해 존재하는 프로그램이 발동 타이밍이나 대상을 잘못 선택한 것뿐이다.

포기 프로그램은 어떤 일을 멈추고 다른 일을 이행하기 위한 프로그램이다. 그러나 포기를 이유 없이 경멸하거나 정신적 피로가 축적될 때까지 사태가 진행되면 포기의 대상이 어떤 특정한 사안이 아닌 삶 자체가 되어버린다. 게다가 이런 피로의 축적 자체도 포기와 크게 관련이 있다.

●── 정신피로를 촉진시키는 6가지 가속기

'잊어버리자'식 대처는 우리에게 지속적인 에너지 소비를 요구한다. 따라서 잊어버리고 싶은 아픈 과거가 많은 사람은 피곤한 인생을 살게 된다. 때로 그것은 다른 여러 가지 일들과 섞여 정신적 피로를 축적시키는 원인이 되기도 한다. 정신적 피로가 지나치게 축적된 상태가 바로 우울증이다. 나는 인간이 우울증에 빠지기까지는 여섯 가지 촉진제(가속기)가 작용한다고 본다.

우리가 바다에 빠졌다고 가정해보자. 힘을 빼고 느긋이 있으면 자연스럽게 물 위로 떠오른다. 마찬가지로 우울증도 자연치유력으로 해결할 수 있다. 그러나 바다가 깊다는 의식이 선명해질수록 당황하여 허우적거리게 된다. 그러면 그럴수록 더 깊은 바닷물 속으로 빠져든다. 우울증이 악화될 때는 불행히도 이런 가속기나 저울추가 겹쳐서 반응을 일으키고 만다. _그림 20

물론 '잊어버리자'식 대처도 이 가속기 중 하나이며, 그밖에는 다음과 같은 것들이 있다.

감정 프로그램 가속기

어떤 일을 계기로 '슬픔', '분노', '불안', '공포' 등의 감정이 동시에 일어나면 우리는 우리가 생각하는 것 이상으로 많은 에너지를 소모한다. 예를 들어 불안을 느낄 때 머릿속에서는 생각이 꼬리에 꼬리를 물고 이어지고 심장은 두근거리며 온몸에는 힘이 들어간다. 이런 상태가 계속되면 우리는 귀중한 에너지를 질금질금 혹은 콸콸 흘려버리고 만다.

자책 가속기

자책 가속기가 발동하면 '이렇게 된 건 다 내 능력이 부족하기 때문이야. 내가 똑똑하지 못했기 때문이라고!' 하는 식으로 자책을 거듭한다. 이런 상태가 되면 앞에서 설명한 대로 에너지 소모가 급속히 진행된다.

태연한 척 가장하기 가속기

에너지가 상당히 저하되어 있음에도 주변 사람들에게 들키지 않기 위해 필사

정신피로를 촉진하는 6가지 가속기

| 그림 20 |

적으로 태연한 척 가장한다. '할 수 없는' 자신을 인정하고 싶지 않은 심리다. 태연한 척하기 위해서는 평상시보다 몇 배 이상의 에너지가 소모된다. 괴로움을 표출하면 안 된다는 의식이 강하므로 '참기' 에너지도 동시에 사용된다. 또한 태연한 척 어떻게든 버티면서 사태가 이렇게 된 것은 역시 자신의 노력이 부족했기 때문이라고 자책한다(자책 가속기와 연동).

매달리기 가속기

스트레스를 해소하기 위해 어떤 일에 매달리게 된다. 운동이나 도박, 이성관계, 돈…. 그러나 스트레스 해소에는 전혀 효과가 없다. 그럼에도 지푸라기라도 잡는 심정으로 순간적인 쾌락을 추구한다. 이 때문에 자기혐오에 빠지거나 인간관계가 악화되는 등 악순환이 반복된다.

확대 반응 가속기

이것은 피로가 상당히 진행되어 '지금 나에게 닥친 상황은 너무 위험해서 아무리 노력해도 안 될 거야. 죽을 것 같아!'라는 인식이 움텄을 때 일어나는 반응이다. 삶을 포기하기 바로 직전에 필사적으로 발버둥치는 상태로, 현재의 상황을 자신의 목숨이 좌우되는 위급한 사태로 인식한다. 이 상태가 되면 '분노'나 '슬픔', '불안', '놀람' 등의 다양한 감정 프로그램이 일제히 발동한다. 위기에서 탈출하기 위해 모든 감정을 동원하는 것이다. 이 순간을 극복하기 위해 '최후의 비상수단'을 동원하며, '죽기 아니면 까무러치기' 식으로 '궁지에 몰린 쥐가 고양이를 무는' 심정이 된다. 여기에 상당한 에너지가 소모되는 것은 당연하다.

불행히도 이런 가속기들이 겹치면서 결국에는 정신피로가 지나치게 쌓여 포기 프로그램이 모든 것을 포기하려고 하는 파국으로 치닫는다. 이것은 '삶' 자체를 포기하려는 포기 프로그램의 오작동이다. 이처럼 자살은 포기 프로그램이 일으키는 최대 오작동이다.

●── 정신피로를 축적하는 6가지 가속기

정신피로는 앞에서 소개한 여섯 가지 가속기에 의해 축적된다. 그러나 이들 대부분은 포기 프로그램을 제대로 가동시키면 없앨 수 있다. 나의 카운슬링 경험을 돌아보아도 정신적 피로에서 탈출을 도모하는 데 포기가 중요한 역할을 하는 경우가 많았다. 포기 프로그램을 제대로 가동시키지 못하는 사람은 대신 자책 프로그램을 가동시킨다. 즉, 현상을 해결하기 위해서만 발버둥친다. 그 결과 상당한 에너지를 소모한다.

우울증에서 1초라도 빨리 벗어나기 위해서는 현 상태를 '피로' 상태로 인식하고, 그 이상의 자극을 피함과 동시에, 신뢰할 수 있는 의사나 카운슬러에게 증상 조절을 맡기고 스스로의 힘으로 버티려는 노력을 멈춰야 한다. 이 시기는 다음과 같이 포기 오작동이 줄지어 행진하는 상태라고 말해도 좋을 정도다.

- '나는 정신적으로 이상하지 않아. 스스로 뛰어넘을 수 있어.'라는 생각 (만족하지 못하는 오작동, 중지하지 못하는 오작동)
- 회사를 그만두면 낙오자가 될 수도 있다는 두려움 (중지하지 못하는 오작동)
- 병원에 가서 치료를 받고 약을 먹어야 한다는 두려움 (결정하지 못하는 오작동)
- 회사나 아내, 의사는 나를 너무 모른다는 원망 (역할의 오작동, 사랑의 오작동)
- 이렇게 된 것은 그 일이 원인이라는 분노나 원망 (잊지 못하는 오작동)

카운슬링을 하다 보면 최근에 청년층에게 쌓이는 정신피로가 마음에 걸린다.

장작불을 때워가며 물을 끓이고 시커먼 보리밥을 달게 먹던 시대를 경험했던 기성세대가 보기에는 지금의 청년들은 물질적인 풍요가 넘치는 시대에 살면서 하고 싶은 대로 할 수 있어서 아무 고민도 정신적인 피로도 없을 것처럼 보인다. 편안한 생활을 누리면서 원하는 것은 무엇이든 손에 넣을 수 있는데도 '피곤하다'거나 '의욕이 없다'를 입버릇처럼 내뱉는 청년들. 사실 이들을 이해하기 힘들 때가 많다. "낮인지 밤인지 분간이 안 가는 생활을 하는 데다, 입에 맞는 음식만 먹으니까 그렇지!"라고 나도 모르게 불쑥 화를 내기도 한다.

물론 그런 면도 없지는 않다. 하지만 현실에서 그들은 근본적인 문제로 피로를 느낀다. 바로 지금까지 살펴본 과다한 정보와 사회적 잣대의 소실, 역할의 애매모호함이 그것이다. 그들은 이상적인 이미지를 구축하고 그 안에서 홀로 분투한다. 물론 이것은 성인인 우리에게도 오작동의 원인이 된다는 사실에 대해서는 앞에서도 수없이 설명했다. 그러나 청년들에게는 이런 오작동이 더욱 심하게 나타난다.

청년들의 가능성은 무궁무진하다. 앞으로 살아갈 시간도 많고 체력적으로도 에너지가 충만한 상태다. 원래 이런 경우에는 포기도 쉽고 다른 일로 이행하기도 쉽다. 자신이 하고자 하는 일(개인적인 목표)을 추구하기 위한 에너지도 넘친다. 그러나 청년들은 아직 자아가 충분히 발달하지 않았기 때문에 '할 수 없는' 일이나 '집단에서 배제당하는' 일, '상실감'에서 오는 충격을 쉽게 받아들이지 못한다. 이렇듯 본질적으로 청년들은 포기 프로그램을 제대로 가동시킬 수 있는 구조임에도, 어떤 일에 지나치게 집착하여 끝까지 행동하고 마는 경향이 있다. 끝까지 밀어붙이려고 하다 보면 더욱 포기하기가 어려워진다. 처음에 경험한 '포기'에서 온 충격을 받아들이지 못하고 성인이 되어서도 계속 끌려다니는 경우마저 있다.

청년기의 위기(정체성의 위기)라는 말은 예전부터 있었다. 예전에는 이럴 때 윗사람이 포기를 깨우쳐주었다. 혹은 사회 자체에서 척도를 제시해주기도 했다. 그러나 현대사회에서는 그것을 바랄 수 없다. 성인들도 포기 프로그램을 제대로 가동시키지 못해 시행착오를 거듭한다. 당연히 청년들은 유연하고 긍정적인 포기방법을 배우지 못하고 자신의 에너지가 바닥날 때까지 혼자 힘으로 고군분투한다.

어른들은 이런 지경에 이른 청년들에게 오히려 가혹한 태도를 취하기도 한다. 기성세대의 눈에는 현대사회의 금방 좌절하고 포기하는 청년들이 노력하지 않는 응석받이로 보일 뿐이다. 그래서 그들은 아무 생각 없이 청년들에게 "포기하지 마!"를 외친다. 그러나 청년들은 노력하지 않는 것이 아니라 노력하는 방법을 모르는 것이다. 어디까지 노력하고 어디에서 어떻게 포기해야 하는지를 모른다. 이런 모습은 우울증에 걸린 환자와 비슷하다. 다시 말하면, 청년들은 충분히 노력하고 나름대로 최선을 다하기 때문에 피로가 쌓인다. 현대사회의 청년들이 약해진 것이 아니다. 현대사회에 스트레스가 너무 많이 도사리고 있는 것이 문제다. 기성세대들에게서는 "더 분발해.", "포기하지 마."라는 말이 쉴 새 없이 쏟아져 나온다. 그러나 에너지는 이미 바닥났다. 이때 스스로를 자책하는 프로그램이 가동되면서 학교를 그만두거나, 친구들에게서 멀어지거나, 혹은 직장을 잃었을 때 현명하게 대처하지 못한다.

이런 악순환이 청년들을 심각한 우울증에 빠뜨린다.

●── 효과적인 '포기 기술'이 포인트

현대사회는 급속히 성과주의 사회로 변하고 있다. 이런 급격한 변화에 적응하지 못해 괴로워하는 사람들이 많다. 치열한 성과주의와 구조조정의 한파 속에 급여는 제자리걸음이고 노후도 보장되지 않는다. 자식도 나라도 믿을 수가 없다. 수렵민족이었던 앵글로색슨족은 포기가 빠르다. 그래서 성과주의에도 잘 적응한다. 그에 비해 농경민족인 우리들은 포기하지 않는 정신을 바탕으로 성공을 거두고 다른 사람들에게서 인정을 받아왔다.

우리의 DNA가 이런 변화에 적응하지 못한다. 머릿속에서 미리 계산하면서 핸들을 꺾지 않으면 급격한 커브를 제대로 돌지 못한다. 급커브를 제대로 돌지 못해 충돌하는 사람들의 가장 일반적인 패턴은 하나의 포기를 전체의 포기로 받아들이는 것이다. 필요 이상으로 자신감과 의욕을 상실하여 결과적으로 자신 앞에 놓인 미래의 가능성마저 헛되게 만드는 경우가 이에 해당한다.

또 다른 패턴은, 심각한 정신피로에 시달릴 때는 일단 레이스를 벗어나 포기 프로그램을 가동시켜 에너지를 회복해야 하는데도 이를 제대로 감지하지 못해 우울증으로까지 추락하는 경우다. 심하면 자살로까지 이어질 가능성이 있는 매우 위험한 오작동이다.

'젊은이여, 포기하지 말고 끝까지 노력하라!'는 식의 대응이 지금까지의 감각적 대응이었다. 그러나 곳곳에 오작동의 위험이 도사리고 있는 이 시대, 감각적 대응만으로는 문제의 실마리를 풀지 못한다. 오히려 적당한 타이밍에 유효적절한 포기 프로그램을 가동시킴으로써 일시적으로 문제를 해결하는 것이 아닌 삶 자체를 윤택하게 가꿀 수 있는 교육을 실현해야 한다.

포기 프로그램을 발동시켜야 할 시점에서 발동시키지 못해 불필요한 에너지 소모가 지속되는 경우, 우리는 의지를 동원해서라도 포기 작업을 시작해야

한다. 감정이 자연스러운 포기를 유도하지 못한다면 머리가 '포기 프로그램'
을 작동시킬 수 있도록 연구해야 한다. 즉, 효과적인 포기 기술을 연구해야 한
다는 말이다. 그 방법은 다음 장에서 자세히 다루기로 하자.

CHAPTER . 9

효과적이고
현명한
포기 기술

지금까지 현대사회를 사는 우리에게 포기가 얼마나 어려운 일인지를 살펴보았다. 또한 그럴수록 포기의 마이너스 이미지를 벗어던지고 필요한 타이밍에 적절히 포기하는 것이야말로 인생을 윤택하게 하는 한 가지 비결임을 강조했다. 게다가 포기란 자신의 마음속에서 일어나는 작업이다. 세상을 변화시킬 필요는 없다. 완고한 상사나 말을 듣지 않는 자식, 지겨운 회사, 자기밖에 모르는 정치가…. 그런 상대를 변화시키기 위해서는 상당한 노력이 필요하다. 그러나 마음속의 작업은 혼자서 가능하다. 인생을 여유롭고 윤택하게 사는 비결이 자신의 마음먹기에 달렸다면 그것만큼 고마운 일도 없지 않을까?

포기해야 할 적절한 타이밍을 간파하고 그때 포기하면 그만이다. 그것뿐이다. 그러나 말은 쉽지만 현실적으로 포기를 실현하기란 매우 어렵다. 어떤 것은 포기하려고 마음먹어도 간단히 마음에서 떼어내기가 쉽지 않다. 현실에서는 언제까지나 그것에 얽매이는 자신이 존재한다.

지금부터는 어떻게 해야 효과적이고 적절하게 포기할 수 있는지에 초점을 맞추어 이야기를 풀어나가고자 한다.

본론에 들어가기에 앞서 미리 말해두지만, 포기를 비롯한 감정의 문제는 사람에 따라, 그 사람이 처한 환경에 따라, 또한 그 사람이 직면한 문제의 심각성에 따라 크게 변한다는 사실을 염두에 두기 바란다. 이것은 매우 중요한 사실이다.

여기서 소개하는 것은 단지 일반론에 불과하다. 어떤 사람에게는 매우 효과적이지만 그렇지 못한 경우도 있다. 성공을 거둘 수 있는 방법의 순서를 확실하게 제시하는 것이 아니다. 사람은 어떤 진리를 이해하면 맹목적으로 그에 따르려는 경향이 있다. 궁지에 몰린 경우라면 더더욱 그렇다. 그래서 책에 적혀 있는 단순한 요령이나 방법을 진리라고 오해하는 경우가 종종 있다. 결국 '이 책에 써 있는 대로 노력해봤지만 잘 안 돼. 나는 다른 사람보다 근성이 없는 게 틀림없어. 아, 나는 틀렸어!' 하고 다시 자책 프로그램을 가동시킨다.

이런 악순환을 미연에 방지하기 위해서 당부한다.

이 책에서 요령이라고 제시하는 방법은 몇 사람이 성공을 거둔 방법이다. 그 방법이 다른 사람에게도 유효하게 작용하기를 기대하며 소개하는 것이다. 설령 자신은 제대로 효과를 거두지 못한다면 그것은 단순히 그 방법이 자기에게 맞지 않는 것뿐이다. 다른 방법을 모색하면 그만이다.

친구가 너무 맛있다고 소개해준 식당에 갔다. 그러나 나는 특별히 맛있다고 느끼지 못했다. 그 정도의 수준으로 생각해주면 좋겠다. 친구는 친구, 당신은 당신이다. 당신에게는 당신에게 맞는 방법이 있다. 그것을 찾으면 된다.

여기서 소개한 방법이 당신에게 맞지 않는다면, 그것으로 자신의 개성이 무엇인지를 간파하는 데 한걸음 다가갔다고 생각하자. 그 방법을 맹목적으로 좇으며 억지로 다가갔다가, 그것조차 제대로 못한다고 자신을 책망하는 악순환의 고리를 끊자. 실패했을 때는 여기서 소개한 방법을 버리면 된다. 그것만으로도 훌륭히 포기 프로그램을 가동시킨 것이다.

앞으로 나올 요령은 이런 가벼운 마음으로 시험해보길 바란다. 해보지도 않고 포기하는 것도 바람직한 자세가 아니라는 사실을 상기하면서.

포기의 본질을 생각해본다
-자기 머릿속 작업 1

●── 포기의 의미를 정확히 인식한다

'포기'라는 말만 들어도 심한 알레르기 반응을 일으킨다면, 어떤 일도 포기하기 어려울 것이다. 포기란 지금의 활동이 비생산적이라는 사실을 감지하고 다음 활동을 위해 현재의 활동을 중지시키는 프로그램이다. 말하자면 자동차 브레이크와 같다. 브레이크가 고장 난 차에는 누구도 타려고 하지 않을 것이다. 또한 포기는 현상에 만족하지 않고 '자신의 힘으로 인생을 개척하고자' 하는 매우 적극적인 프로그램이다.

문명이 발달함에 따라 선택의 기로가 많아지면서 스스로 무엇인가를 선택해야 하는 시대에 접어들었다. 포기란 선택과 같은 맥락이다. 현재 하고 있는 작업과 다른 선택의 가능성, 미래의 가능성 등을 따져보고 하나를 선택하는 작업이다. 이것은 고도의 두뇌활동이다. 다른 것들을 포기함으로써 한 가지 일에 집중할 수 있으니 수많은 선택의 기로에서 갈등하지 않아도 되고, 주체적인 삶 또한 가능하게 된다. 이런 맥락에서 현대는 포기가 필요한 시대다. 그러나 포기 자체에는 고통이 수반된다. 지금까지 소모한 에너지 손실에 대한 슬픔, '할 수 없는' 자신을 인정하는 데서 오는 불안감, 집단에서 배척되지 않을까 하는 두려움. 이런 고통은 긍정적으로 삶을 개척해나가기 위해 피할 수 없는 고통이다. 다시 말해 삶에 수반되는 본질적인 고통인 것이다. 그것을 피하기에만 급급하면 수동적인 삶 또한 피하기 힘들며, 결과적으로 더 큰 고통을 끊임없이 초래하고 만다.

포기를 정확히 인식하는 것, 이것이 포기를 경멸하고 터부시하는 태도가 몸에 밴 우리들이 가장 먼저 해야 할 머릿속 작업이다.

포기하려는 자신에게 겁쟁이라든가 나약한 인간이라든가 근성이 없다든가 하는 꼬리표를 달아서는 안 된다. 앞 장에서 충분히 설명했듯이 이유 없이 포기를 경멸하고 포기에 대한 편견을 가진 사람에게 오히려 그런 꼬리표가 어울린다.

포기에 대한 중요한 두 가지 사실

현명한 포기를 위한 구체적 방법을 소개하기 전에 중요한 두 가지 사실을 지적해두고 싶다.

첫째, 포기는 오랜 시간이 필요한 작업이다

포기를 할까 말까 고민하던 사람이 일단 마음의 결정을 내리면, 이것으로 두 번 다시 고민하지 않겠다, 후회하지 않겠다, 뒤돌아보지 않겠다, 하고 마음을 다잡는다. 그런데도 계속해서 미련이 남는다고 해서 그것을 자신의 우유부단한 성격 탓으로 돌리는 사람이 많다. 그러나 현실에서 포기라는 작업은 그렇게 맺고 끊음이 분명한 성질의 것이 아니다.

포기라는 작업은 두 가지 욕구의 균형을 맞추는 작업이다. 하고 싶은 마음과 하고 싶지 않은 마음(다른 일을 하고 싶은 마음)을 천칭의 양쪽에 올려놓고 미래의 가능성과 현재의 상황을 따져본 뒤, 어느 쪽이 적합한지 저울을 맞춰가면서 판단하는 작업이다. 달인이라면 금방 끝나는 일이겠지만 우리처럼 평범한 사람들은 오른쪽에서 왼쪽으로, 왼쪽에서 오른쪽으로 조금씩 저울추를 조절하면서 겨우겨우 우리가 납득할 수 있는 시점에 다다르게 된다.

그러므로 한 번의 결심으로 모든 일을 깨끗하게 단념할 수 있다고 생각하지 말기 바란다. 인생은 흔들림의 연속이다.

이 책에서 소개하는 포기 요령도 반복적으로 시험해보기를 권한다. 한 번 해보았는데 마음먹은 대로 되지 않았다고 해서 자책하거나 자신감을 잃을 필요는 없다. 본래 포기라는 작업은 오랜 시간을 필요로 하는 작업이므로.

어떻게 해야 할지 몰라 우왕좌왕 갈등하는 것도 균형을 잡기 위한 포기 작업의 일부분이다. 그러므로 우왕좌왕하고 있다는 사실 자체가 한 발짝씩 전진하고 있다는 증거다.

둘째, 포기는 고통을 수반하는 작업이다

포기저울이 움직이기 위해서는 고통을 맛볼 필요가 있다. 충분히 고통을 겪으면 포기저울이 움직이기 쉽다. 급격한 커브를 돌 때 벽에 부딪치고 충돌하고 상처가 나는 것과 같은 이치다. 그것이 인생이다.

우리에게는 성장하고자 하는 욕구가 있어서 그것이 인류 발전의 원동력이 되었다. 개인 또한 고통을 겪으면서 성장하고, 개인의 고통은 인류의 발전으로 이어진다. 그러나 될 수 있는 한 개인의 고통을 줄이는 방법을 모색해야 하지 않겠는가. 효과적으로 포기 프로그램이 가동할 때까지 고통 프로그램을 활용하고 충분히 고통을 겪은 후 선택하는 것이 자연스러운 현상이기는 하지만, 그렇다고 같은 고통을 몇 번에 걸쳐 맛볼 필요는 없다. 경험을 살려 학습하고,

학습으로 고통을 줄이면 된다. 직접적인 경험이 없어도 선인들의 지혜를 배울 수 있다.

이 책의 궁극적인 목적은 이런 시행착오와 고통을 줄이는 데 있다. 고통을 제로로 만들 수는 없다. 적극적으로 살아가기 위해 선택의 기로에서 갈등하는 한, 어느 정도의 고통은 따라오게 마련이다. 그러나 고통을 제로로 만들 수는 없어도 줄일 수는 있다. 인생에서 해야만 하는 선택에 수반되는 고통을 필요 이상으로 키워 자신감을 잃거나 삶의 에너지를 지나치게 소모하지 않도록 몇 가지 요령을 소개하겠다.

나는 지금 무엇을 포기하려 하는가?
-자기 머릿속 작업 2

포기라는 작업에 대해 머릿속 정리를 끝낸 사람이라면 이 질문부터 시작해보자. 포기는 고통을 수반하는 작업이다. 그 고통은 무엇을 잃을 때 느끼는 상실감과 갈등일 것이다. 당신은 지금 어떤 것을 포기함으로써 무엇을 잃어버릴까 봐 두려운가?

T씨는 아버지로부터 이어받아 해오던 우유대리점을 그만둘지 말지를 놓고 고민하는 중이다. 대기업 우유회사 제품을 중심으로 도매를 하고 있는데, 그 회사에 불미스러운 사건이 터지면서 매출이 급감했다. 지금까지 큰 문제없이 비교적 안정적인 경영을 해왔기 때문에 이런 사태를 맞이하리라고는 상상도 못했다. 게다가 작년에는 집을 대대적으로 리모델링하기까지 했다. 지금은 그

일을 후회하고 있다. 그는 나를 찾아와 상담을 청했다.

"요즘 다른 장사를 해볼까 고민 중입니다."

"그렇군요."

"그런데 도무지 결단을 내릴 수가 없네요."

"결단을 내리기가 힘들다…."

잠시 침묵이 흐른 후 나는 단도직입적으로 이렇게 물었다.

"우유대리점을 그만둘 때 당신이 잃는 무엇인가요?"

갑작스런 질문에 눈을 크게 뜨는 T씨. "잃는 것이라…."

그는 곰곰이 생각한 뒤 기어들어가는 목소리로 이렇게 대답했다.

"아버지의 신뢰, 가 아닐까요? 저는 아버지가 실망하실까봐 두려워하는지도 모르겠어요."

T씨는 대학에서 경영을 전공했다. 벤처 비즈니스에도 관심이 많아 그쪽에 도전해보고 싶다는 생각도 있었다. 그러나 대학 4학년 때 아버지가 쓰러지는 바람에 어쩔 수 없이 가업인 우유대리점을 이어받아 지금까지 경영해왔다.

아버지는 매우 기뻐했다. 그도 쇠약해진 부모를 돌보면서 가업을 이어받기를 잘했다고 생각했다. 아쉬운 점이라면 우유대리점 사업은 유통구조상 인터넷을 활용한 대박 비즈니스 찬스를 거머쥘 만한 틈새가 없다는 사실이었다. 할 수 없이 그는 꿈꾸어오던 벤처 비즈니스의 꿈을 접었다. 우유대리점은 나름대로 안정되어갔고, 그 사이 결혼도 했다. 가족들에게 둘러싸여 평온한 일상을 보내면서 '이것이 나의 인생'이라고 생각하곤 했다. 그럴 즈음 우유회사에서 불미스러운 일이 터졌다. 매출은 급격히 떨어졌다. 빗발치는 소비자들의 항의에 나야말로 피해자라고 울고 싶은 심정으로 대응하느라 쩔쩔매며 하루하루를 보냈다.

이럴 즈음 우연히 대학 동창에게서 구체적인 사업 제안을 받았다. 그의 꿈이 다시 고개를 들었다. 그러나 우유대리점이 완전히 절망적인 것만은 아니다. 집을 새로 짓는 바람에 새로운 비즈니스에 도전할 금전적인 여유도 없다. 새로운 일을 시작하기 위해서는 가족들의 동의도 필요하다. 이 과정에서 아버지가 실망하지 않을까 두렵기도 하다.

그러나 무엇을 잃게 될지 자문해보면서 그는 포기에 한 발짝 다가선 느낌이었다. "지금 가장으로서 가족들을 이끌어가야 할 사람은 아버지가 아니라 제 자신이라는 사실을 깨달았습니다. 아버지가 실망하실지도 모르지만 일단 아내와 상의해본 다음 아버지께 말씀드릴 예정입니다."

인간의 활동은 중간목표에 연연한다는 사실을 이미 앞에서 설명했다. T씨의 경우, 다른 사람에게 미움을 받고 싶지 않다, 사랑을 잃고 싶지 않다, 등의 중간목표에 얽매여 포기저울의 움직임이 둔해졌다고 볼 수 있다.

무언가를 얻기 위해서는 무언가를 버려야 한다. 그것이 인생의 선택 즉, 포기이다. 자칫 잘못하면 중간목표라는 망령에 사로잡혀 우리의 선택과 미래에 필요 이상의 공포를 느낀다. 따라서 구체적으로 자신이 무엇을 두려워하는지 생각해보는 일은 이성적이고 냉정한 판단을 위해 거쳐야 하는 제일 첫 번째 과정이다. 포기저울에 올려 있는 저울추의 정체를 파악하고 나면 냉정하게 자기가 선택해야 할 길이 보인다. '나는 지금 무엇을 두려워하는가?'

괴로움을 말로 표현해본다
-입을 통한 작업

중간목표가 인간의 행동을 유도하는 힘을 그리 만만히 보아서는 안 된다. 의지만으로는 어쩌지 못했던 상황을 당신은 수없이 경험했을 것이다. 여기서는 중간목표에 정면으로 도전하는 방법이 아니라 아직 소개하지 않은 목표의 특성을 이용하여 포기 프로그램을 가동시키는 두 번째 과정을 소개하겠다. 특별한 방법은 아니다. 단지 현재의 상태를 말로 표현해보는 것이다.

구체적인 방법 설명에 들어가기에 앞서 하위목표의 특성에 대해 알아보자.

●── 인간은 하위목표를 달성하면 안심한다

인간은 최종목표(안전, 음식 등)를 달성하기 전에도 그 전제가 될 만한 어떤 일(하위목표)을 해내거나 그것을 위해 움직일 때 쾌감을 느낀다.

예를 들어 우리는 슬플 때 운다. 실컷 울고 나면 마음이 조금 가라앉는다. 실컷 울고 나면 어느 정도 마음의 안정을 찾는다. 어떤 때는 우는 것만으로도 어느 정도 문제가 해결되는 경우도 있다. 표현 욕구가 채워졌기 때문이다.

인간에게는 표현 욕구가 존재한다. 인간은 홀로 있으면 나약한 존재다. 너무 힘들 때 다른 사람의 도움을 받지 못하면 죽을 가능성도 있다. 즉, 죽을 만큼 힘들다 → 표현한다 → 누군가의 도움을 받는다 → 마음의 안정을 회복한다 → 삶을 지탱한다, 라는 도식이 성립된다. 보통 마지막 단계까지 가지 못하면 의미가 없다고 생각하기 쉬우나, 인간은 해결책을 단숨에 찾지 못해도 한 단계 나아가는 것만으로도 안심하는 존재다. 예를 들어 어떤 일로 고민이 될 때, 누군가에게 털어놓는 것만으로도 마음의 평온을 찾을 수 있다. 구체적인 해결책이 보이지 않아도, 속 시원히 털어놓고 나면 안개가 걷히는 느낌을 받곤 한다.

과정을 마지막까지 밟지 않아도 한 단계 나아가는 것만으로도 살 확률이 높아진다. 한 단계 나아가면 상황이 조금 바뀔지도 모른다. 상황이 달라졌다면 그때의 상황에 맞추어 대응하면 된다. 이것이 인간이 선택한 전략이다. 유연하게 대처하면서 에너지의 낭비를 줄인다. 인간은 최종목표나 삶에 직결된 중요한 중간목표를 위해 에너지를 쏟는 경향이 있다. 그리고 그 하위목표에 다다른 시점에서 (최종목표에 직접 도달하지 않는다 하더라도) 일단 안심하는 성질이 있다.

시험 준비를 할 때 계획을 세우는 시점에서 왠지 절박감이 사라지고 마음이 느긋해져서 마음먹었던 대로 공부하지 않았던 경험이 누구에게나 한두 번은 있을 것이다. 큰 맘 먹고 주문한 비싼 다이어트 제품이나 '이번에야 말로 영어를 정복하리라!' 결심하고 주문한 책과 테이프가 집에 도착했을 때, 주문할 때의 마음은 온데간데없이 사라지고 도착했다는 사실에만 흐뭇해할 뿐, 실제 다이어트나 공부는 흐지부지 되고 마는 경우가 허다하다. 이것도 인간의 '하위목표에서 일단 만족하는' 성향이 빚은 결과다.

● ── 표현의 힘

인간은 감정의 소용돌이에 휘말릴 때 그것을 말로 표현하고 싶어한다. 자신이 위기에 빠졌다는 사실을 주위에 알리고 싶기 때문이다. 동시에 이러한 행위는 주위의 정보를 모으는 데도 효과가 있다. 또한 말로 표현하는 일은 나를 알아달라고 상대방에게 호소하는 작업이기 때문에, 상대의 표정을 살피면서 이루어지는 복잡한 커뮤니케이션 과정이다. 따라서 상당한 두뇌활동을 요한다. 그와 동시에 자연히 자신의 생각이 정리된다.

얼마 전 나에게 상담을 요청한 한 중년남자가 안절부절 못하면서 이런 말을 꺼냈다.

"딸이 대학 입시에 떨어지지나 않을까 불안해서요."

"대학 입학시험에서 떨어진다…. 불안하시기도 하겠네요."

나는 고개를 끄덕이고 가끔 맞장구를 치면서 남자의 이야기를 들었다. 갈피를 못 잡고 왔다 갔다 하는 남자의 이야기의 맥을 잡기 위해 내 나름대로 이야기를 정리하거나 묻거나 하면서.

그러는 와중에 딸이 이미 네 학교 중 두 곳에서 떨어졌다는 사실, 딸 본인도 침울해한다는 사실, 거기에다 아내마저 초조해하면서 딸과 자주 부딪쳐 딸과 아내의 사이가 멀어졌다는 사실 등을 알게 되었다.

"무지 속을 썩였어요. 지금은 그나마 시험이라도 볼 수 있어 다행이라는 생각이 들 때도 있습니다. 2학년 때까지만 해도 아내와 저는 그저 무사히 졸업만 해도 소원이 없겠다고 얘길 하곤 했지요…. 그런데 이제 수험생이 되고 보니 조금이라도 좋은 학교에 들어갔으면 하는 생각에 이렇게 불안하네요. 공부도 안 하는 것 같으니 떨어질 게 뻔하다는 생각이 들면서도, 어떻게든 행복해졌으면 하고…."

이렇게 남자는 불량아였던 딸 때문에 겪은 마음고생과 그것을 극복한 이야기까지 들려주었다. 그러고는, "이렇게 얘기를 하니 조금 기운이 나네요. 감사합니다. 생각해보니 고등학교만이라도 제대로 졸업해주면 소원이 없겠다고 생각했던 때도 있었네요. 돌아가서 아내와도 이런 얘기를 나눠봐야겠어요. 이럴 때 제가 나서서 둘 사이를 어떻게든 회복시켜줘야지요."

이 내담자가 말을 이어가는 동안 나는 한마디도 충고다운 충고를 한 기억이 없다. 인간이 냉정을 회복하면 이성적인 판단으로 포기가 가능하다. 무엇을 선택할지도 확실히 판단할 수 있다. 그러나 감정에 휩쓸리면 그것이 불가능해지는 경우가 많다. 그럴 때는 다른 사람과 이야기를 나누어보자. 가능하면 사정을 모르는 제3자가 좋다. 서툰 조언을 받기보다는 자신의 생각을 자신의 말로 처음부터 되짚어보는 작업이 필요하다. 그러므로 이런 경우에는 사정을 몰라 당신의 회상에 끼어들지 않을 만한 사람에게 이야기하는 것이 도움이된다. 그렇게 함으로써 냉정한 자신을 찾는 경우가 많다.

딱히 떠오르는 사람이 없다면 카운슬러의 도움을 받는 것도 좋다. 그러는 편이 포기를 위해 술집을 드나들며 돈을 쓰는 것보다는 낫다.

정보를 모은다
-귀를 통한 작업

컴퓨터에 정보를 입력해서 어떤 대답을 얻었다고 가정해보자. 그런데 그 대답이 영 만족스럽지 못할 때 당신이라면 어떻게 하겠는가? 일단 정보가 충분히 입력되어 있는지, 틀림없는 정보인지 확인해볼 것이다. 틀림없는 정보라는 확신이 서면 다음으로는 프로그램에 이상이 없는지, 컴퓨터 본체에는 이상이 없는지를 확인할 것이다.

마음의 정리 또한 이와 같다. 초기단계에서 자신이 가지고 있는 (때에 따라서는 선입견인) 정보가 객관적인 정보인지 아닌지 체크해야 한다. 프로그램 점검은 그 다음 단계다. 과제에 대한 정보의 경우, 만약 누구에게나 어려운 과제로, 거의 모든 사람이 실패하는 과제라는 사실을 안다면 그 과제에 도전할지 포기할지를 결정할 수 있다. 경쟁자와 자신의 실력에 관한 정보라면, 합격률이 이미 정해져 있는 시험에 자기보다 우수한 사람들이 많이 도전했다는 사실을 알고 있으면 그 시험을 포기하고 다른 분야에 에너지를 쏟을 수 있다.

사랑도 마찬가지다. 멋진 여성의 마음을 사로잡고자 할 때 그것은 당신과 그녀만의 문제가 아니다. 그녀를 노리는 다른 남자들과의 경쟁이기도 하다. 따라서 그녀를 둘러싼 환경에 대한 정보가 없으면 아무리 노력하고 선물공세를 퍼붓고 시간을 써도 원하는 결과를 얻지 못할 확률이 높다.

이와 같은 정보는 가능한 한 자신과 비슷한 입장이나 능력, 비슷한 사고를 가진 사람에게서 얻으려는 심리가 있다. 그래서 우리는 옛날부터 동료나 친구, 부모나 친척에게 조언을 구했다. 얻은 정보를 바탕으로 자신의 힘으로 선택을 할 수도 있지만, 확신이 서지 않거나 포기의 악순환에 빠졌을 때는 당신의 사정을 잘 알고 그 문제를 아는 사람에게 조언을 구하도록 하자.

생각하고, 표현하고, 정보를 얻는다

지금까지 먼저 자신의 머리로 포기의 테마를 생각하고, 다른 사람에게 표현하고, 정보를 얻은 후 다시 판단하는 방법에 대해 설명했다. 결국 이런 작업을 반복하는 동안 우리는 사태를 정리해 나간다. 그렇다면 우리는 언제 '정리'가 되었다고 느낄까? 여기에서도 '생명 에너지 보존의 법칙'이 큰 영향을 미친다.

무엇을 포기한다는 의미는 지금까지의 노력이나 미래의 가능성을 버린다는 뜻이다. 그러나 미래의 가능성을 논할 때도 실은 포인트를 과거에 맞춰야 한다. 미래는 현재의 연장선으로, 과거에 아무 노력도 하지 않은 분야인 경우, 미래의 가능성을 버리는 일은 그렇게 어려운 문제가 아니다. 예를 들어 당신이 드라마작가에 대해 어떤 지식도 경험도 노력도 없다면 드라마작가가 되겠다는 꿈은 간단히 버릴 수 있다. 그러나 오랜 시간에 걸쳐 에너지를 쏟아온 분야가 애니메이션 분야라면 애니메이터 또는 일러스트레이터가 되는 꿈을 접기란 쉬운 일이 아닐 것이다.

생각하고 말하고 정보를 얻음으로써 우리는 과거에 쏟아 부었던 시간과 에너지에 대해 나름대로 납득할 수 있는 이유를 모색한다. '과거의 시간과 에너지는 결코 헛된 게 아니야. 어떤 의미가 있는 게 분명해.' 하는 식으로 해석(자기 나름의 사고)하거나, 끊임없이 자신을 자책하면서 에너지를 헛되이 소모하는 것이 아니라는 사실을 증명하기 위해 분주하다.

예를 들어 과거의 어떤 일을 받아들이는 작업을 하면서, '그 일은 결국 내가 선택한 일이야.' '그 일 덕분에 지금의 내가 있어.' '그 일로 많은 것을 배웠잖아.' 이런 식으로 생각하면서 머릿속을 정리해간다.

또는, '그 일은 그 일이고, 지금은 이 방법으로 해보자.' '설령 안 된다 하더라도 그다지 중요한 문제는 아니야.' '이번에는 운이 좀 안 따랐을 뿐이야. 내 능력이 모자라서가 아니야.' '그렇구나, 이게 원인이었어. 다음에는 이렇게 해봐야겠다.' 하는 식으로 생각하면서 마음이 가벼워지는 사람도 있다.

포기를 이유 없이 경멸하지 않고 자신이 가진 정보와 다른 사람에게서 얻은 정보를 적절히 응용하여 이야기를 풀어간다면, 스스로 납득할 수 있는 문제점과 대책이 보이기 시작할 것이다. 그러나 이 작업을 혼자서 풀어가기란 매우 어렵다. 침울한 상태에 빠지면 인간은 불안 프로그램을 먼저 가동시킨다. 더 이상의 위험과 손해를 피하기 위해 필요 이상으로 과민한 방어태세를 갖춘다. 그러다 보면 아무리 노력해도 사고가 부정적인 쪽으로만 치닫고 더 이상 위험이 없는지 주위를 살피게 된다. 나는 이런 현상을 불안 프로그램의 '최악 연쇄 사고', '겁쟁이 색안경 관점'이라고 이름 붙였다.

혼자서 생각에 생각을 거듭하다 보면 이런 최악의 연쇄 사고나 색안경 관점이 끝없이 폭주한다. 그러면서 자책 프로그램과 연쇄반응을 일으켜 심하게 자신을 질책하게 되고, 그런 상황에서 도망치기 위해 잊어버리려고 안간힘을 쓰게 된다. 그 결과 '잊지 못하는' 오작동까지 연쇄 충돌하여 피곤한 인생을 보내게 된다는 것은 앞에서 설명한 바 있다. 그러므로 침울할 때는 다른 사람과 이야기를 나누고, 정보를 얻는 과정에서 안정을 되찾고, 객관적인 사고와 시점을 회복해야 한다.

요컨대 당신이 무언가를 포기하려고 할 때는 먼저 자신의 머릿속을 정리하고, 그래도 납득이 가지 않으면 다른 사람에게 표현하거나, 비슷한 입장에 놓인 사람의 의견을 듣거나, 문제에 대한 정보를 모으거나 하면서 발버둥쳐보기 바란다. 그러면 고통 프로그램이 적절히 움직이기 시작하면서 포기 프로그램을 가동시키기 위한 에너지가 솟아날 것이다.

고통 프로그램을 활용한다
-자신의 행동을 결정하는 작업 1

한 가지 일을 포기하기 위해서는 특유의 고통이 수반된다. 반대로 포기하지 않으면 또 다른 고통이 따른다. 포기저울은 기대치와 효과 대비 비용을 측정하는 천칭이다. 시점을 바꾸면 고통저울이기도 하다.

지금 물이 없다면 물을 마시지 못한다는 고통이 생긴다. 그러면 물을 구하기 위해 땅을 파는 행동을 한다. 이번에는 땅을 파야 한다는 새로운 고통이 수반된다. 에너지를 소모하는 고통이다. 에너지를 소모하는 고통(에너지가 점점 소멸된다는 두려움)이 물을 마시지 못하는 고통보다 커질 때 우리는 땅을 파는 행위를 중단한다. 다시 말해 고통저울이 움직이면서 포기하게 되는 것이다. 그러나 우리는 물 없이는 살아갈 수 없다. 그러므로 땅을 파는 행위를 포기하고 다른 행동, 예를 들면 개울을 찾는 등의 행동을 개시한다.

현재 진행 중인 행동에 견줄 만한 또 다른 선택처가 있는 경우, 지금 하는 방법으로는 도저히 고통을 참을 수 없을 때 포기저울이 움직이면서 다른 방법으로 갈아탈 수 있다. 즉, 갈아타기(포기하기) 위해서는 충분한 고통이 필요하다.

나는 카운슬러로서 '포기'가 주제인 의뢰인을 대할 경우, 그 고통의 중심과 크기에 신중을 기한다. 카운슬링 방법 중에는 아픔을 즉각 멈추게 하는 치료제와 같이 상담자의 현재의 고통을 즉각적으로 저하시켜줄 수 있는 방법도 있다. 그런데 의뢰자가 이미 포기하려고 마음먹었다면 그것 자체가 문제에서 탈피할 수 있는 기회이며, 고통이 그 에너지를 제공하기도 한다. 그럴 때 섣불리 고통을 멈추게 해서는 의뢰인에게 아무 도움도 되지 않는다. 나는 이런 상황을 의뢰인에게 미리 말해준 뒤 자연스럽게 포기의 과정을 밟아가도록 유도하고 지켜본다. 자연스럽게 일어나는 고통을 맛보게 하기 위해 지지대 역할을 한다고 표현할 수도 있을 것이다.

고통을 겪은 뒤에 포기한다. 이것이 본래 포기 프로그램의 정석이다. 또한 이것이 고통 프로그램의 본래 목적이기도 하다.

그러나 세상 일이 그리 단순하지만은 않다.

포기 프로그램을 가동시키기 위해서 고통이라는 요소가 필요하다는 것은

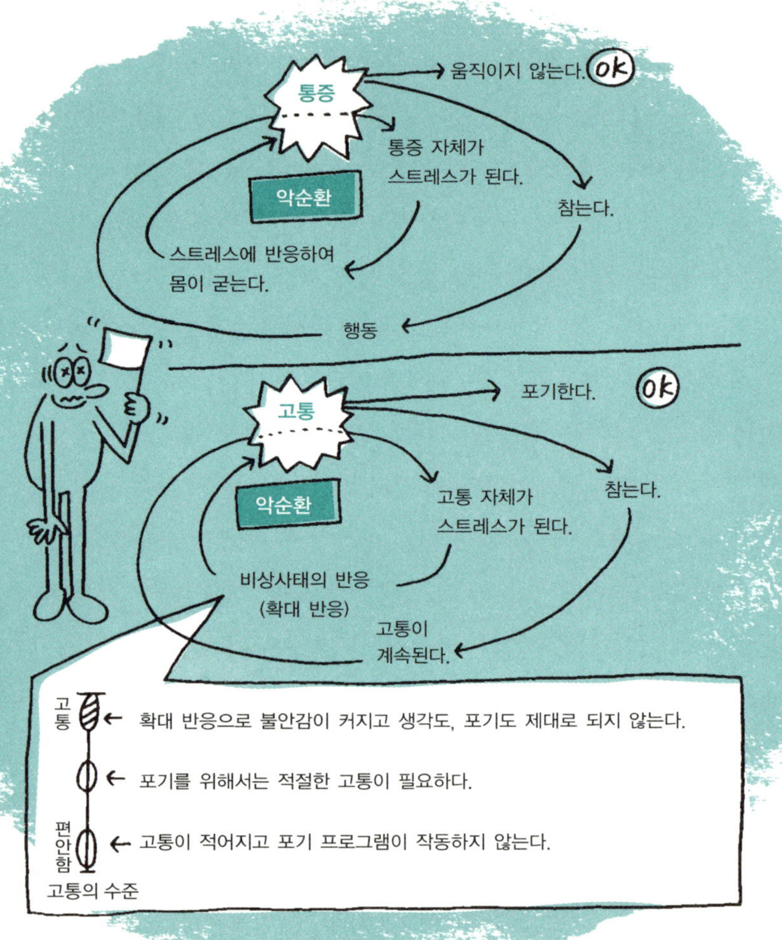

고통과 포기의 관계

통증
악순환
움직이지 않는다. OK
통증 자체가 스트레스가 된다.
참는다.
스트레스에 반응하여 몸이 굳는다.
행동

고통
악순환
포기한다. OK
고통 자체가 스트레스가 된다.
참는다.
비상사태의 반응 (확대 반응)
고통이 계속된다.

고통 ← 확대 반응으로 불안감이 커지고 생각도, 포기도 제대로 되지 않는다.
← 포기를 위해서는 적절한 고통이 필요하다.
편안함 ← 고통이 적어지고 포기 프로그램이 작동하지 않는다.
고통의 수준

| 그림 21 |

틀림없는 사실이다. 그러나 그렇다고 해서 고통을 겪고 나면 포기가 가능하냐 하면 꼭 그렇지만도 않다._그림 21

고통이 가벼울 때는 포기 프로그램이 가동되지 않는다. 그러나 고통이 너무 심하면 앞에서 설명한 '확대 반응 가속기'가 발동해 '삶 자체를 포기하려고 하는' 프로그램이 오작동을 해버리고 만다. '고통 → 자기혐오, 육체의 쇠약, 감정 프로그램이 동시에 발동함으로써 오는 에너지 소모 → 고통 심화'라는 사이클의 악순환이다. '허리가 아프다 → 참고 움직인다 → 심한 통증을 느낀다 → 통증에 못 이겨 몸이 굳는다 → 더욱 심한 통증을 느낀다'는 도식과 비슷하다. 보통 통증이 오면 통증이 완화될 때까지 몸을 움직이지 않도록 한 다음 몸을 회복시켜야 하지만, 통증이 심해지면 통증 자체가 스트레스가 되어 오히려 건강을 해친다. 이럴 때 최초의 통증이 시작되는 시점에서 적정량의 '통증 완화제'를 사용하면 이런 악순환을 막을 수 있다.

확대 반응의 경우도 마찬가지다. 고통이 더 큰 고통을 불러올 때는 먼저 그 고통의 수준을 내리고 악순환(확대 반응)의 고리를 끊어야 한다. 고리를 끊기 위해 앞서 언급한 바 있는 즉효를 발휘하는 심리요법을 쓰거나 카운슬링이 아닌 휴식을 권하기도 하다.

요컨대 적절한 수준의 고통을 느낄 때 인간은 비로소 포기라는 어려운 작업을 감행하는 것이다.

그렇다면 포기하기 위해서는 반드시 고통을 겪어야만 할까?

'꽤 힘들겠는걸. 내가 과연 할 수 있을까?'라고 벌써부터 마음이 불안해지는 사람도 있겠으나, 한 가지 반가운 사실을 알려주겠다.

고통은 자신의 능력과 비례한다는 사실이다. 다시 말해, 지금 고통스러운 만큼 당신에게는 그에 상응하는 능력이 있는 것이다.

당신은 핵이나 생물화학병기 때문에 지구가 멸망하지는 않을까 두려운가? 혜성이 지구에 충돌하지는 않을까 걱정스러워 잠을 못 이루는가? 심각해지는 지구온난화 문제 때문에 안절부절 못하고 괴로워하는가?

실제로 이런 일들은 우리의 목숨을 위협할지도 모르는 매우 심각한 일이다. 그러나 대부분의 사람들은 이런 문제들을 걱정하지 않는다. 아무리 걱정한들 우리 같은 평범한 사람들의 손이 닿지 않는 곳에서 벌어지는 일이기 때문이다.

즉, 능력이 없으면 고통도 없다. 고통 프로그램은 본래 자신의 컨트롤 범위를 넘어선 것은 문제를 삼지 않는다. 고통 프로그램 자체가 보람 없는 일에는 발동하지 않는 메커니즘이다. 이것 또한 에너지 보존의 법칙 덕분이다.

그러므로 고통은 자신의 능력과 비례한다. 앞에서 설명한 정신피로를 촉진시키는 가속기가 발동하여 불필요하게 고통을 팽창시키지만 않는다면, 고통은 우리의 능력에 상응하는 딱 그만큼이다. 지금 당신이 선택을 위해 괴로운 날들을 보내고 있다 해도 당신에게는 이미 그것을 받아들일 수 있는 능력이 있음을 기억하자.

우리는 고통을 포기 이상으로 혐오하고 멀리하려고 한다.

상담을 하러 오는 사람들 중에는 고통 그 자체가 아니라 '고통에서 벗어나지 못하는 자신', '언제까지고 그 상태로 머물러 있는 자신'에 대해 혐오감을 느끼는 사람이 적지 않다.

고통은 앞에서 설명한 대로, 살아가기 위해 필요 불가결한 프로그램이다. 그것이 적절하게 발동되는 상황임을 감지하지 못하고 거부하기만 해서는 자신의 마음속에서 일어나는 자연스러운 반응마저 거부하게 된다. 이것은 자기 부정이다. 자기 부정이 싹트면 그것이 다시 고통을 불러오는 악순환에 빠지고 만다. 그래서 나는 의뢰인이 현재 처한 상황에서 자연스럽게 받아들여야 할 고통임에도 혐오감과 거부감을 느끼고 있다고 판단되면, 먼저 그 혐오감 자체를 타깃으로 하여 이야기를 풀어가는 경우가 많다. 의뢰인이 느끼는 고통에 충분히 공감하면서 고통 프로그램을 설명하고, 지금의 고통은 '당신이 삶을 적극적으로 이끌어가고 있다'는 증거이며, 행동을 일으키기 위해 고통이 에너지를 축적하고 있는 상태일 뿐, 결코 당신이 무너졌다는 것을 의미하지 않는다는 사실을 설명해준다. 그리고 그것은 당신의 능력 범위 안에 있는 고통이며 당신에게 필요한 고통이라는 사실을 충분히 인지시킨다. 출산의 고통이나 곤충이 허물을 벗는 고통에 비유하여 설명하는 경우도 많다.

고통을 피하고 싶은 것은 당연하다. 그것은 누구나 마찬가지다. 다만, 괴로워하는 자신을 혐오하지 말기 바란다. 전진하기 위해 열심히 발버둥치고, 적극적으로 삶을 개척하려고 애쓰고, 열심히 노력하는 '자신'을 다독거리자.

● —— 고통 프로그램과 '행동'의 관계

포기에 관한 문제가 테마에 오를 때 의뢰인과 내가 가장 많은 대화를 나누는 부분은 의뢰인의 '행동'에 관한 부분이다.

'포기는 마음의 문제라고 말하지 않았던가요?'라고 반문하는 사람이 있을지도 모르겠다. 그렇다. 포기는 마음속의 작업이다. 그러나 지금은 고통저울이 움직이기 힘든 상황이라는 사실을 다시 한 번 상기하기 바란다. 행동은 이 저울을 움직이는 계기가 된다.

우리는 미래를 예측하는 힘을 가진 덕분에 불안이나 희망을 느낄 수 있다. 그것이 우리의 고통과 행복에 큰 영향을 미친다는 사실은 앞 장에서 설명한 바 있다. 그러나 이런 미래 예측은 그리 정확하지 않다. 오히려 현재의 기분(불안이나 두려움 등)에 크게 영향을 받는다. 그러므로 실제 행동으로 옮겼을 때 의외의 상황이 자주 발생하곤 한다.

예를 들어 옷을 고를 때, 그냥 볼 때와 실제 입었을 때의 느낌은 매우 다르다. 아파트를 구입할 때도 모델하우스는 신문 광고에 나오는 사진과는 전혀 다른 느낌으로 다가오기 때문에 구매의욕을 더욱 자극한다. 자동차 시승도 마찬가지다. 또 파티 따위에는 전혀 관심도 없던 사람이라도 실제 파티에 가서는 분위기에 휩쓸려 "아주 근사한 파티인걸, 다음에 또 오고 싶어!"라고 마음이 변하는 경우도 심심치 않게 있다.

이처럼 인간은 행동함으로써 감정이 바뀌는 동물이다. 그러나 갈등이나 고민이 있을 때는 행동하고자 하는 의욕을 상실하는 경우가 종종 있다. 겁쟁이가 된다고 표현해도 좋다. 하지만 행동하지 않는 한 입력 정보도 바뀌지 않는다. 저울 또한 움직일 리 없다.

포기 프로그램 제3세대는 미래를 예측하여 행동하기 전에 가동시키는 포기 프로그램이다. 그러나 생각처럼 잘 되지 않을 때는 제1세대, 제2세대 프로그램으로 전환해야 한다. 제1세대, 제2세대 포기 프로그램은 일단 일을 진행시켜본 후, 그 결과에 따라 가동시키는 포기 프로그램이다.

혼자서 작업(생각)이 제대로 되지 않았다면 일단 머릿속의 생각을 접고 '행동'에 착수해보자.

●── 끝까지 해보기('내버려두기'식 대처)

제일 먼저 일으키는 행동방식은 지금 하는 방법으로 끝까지 해보는 것이다. 고통 프로그램을 활용한다는 관점에서 보면, 지금 결심을 하지 않고 일단은 결과가 나타날 때까지 내버려둔다는 의미이기도 하다.

이런 식으로 생각할 수 있다. '지금 이 방법으로는 안 되겠어. 다른 방법으로 전환해야 할지 말아야 할지 고민되네. 이제 결심을 해야 할 텐데. 좀처럼 갈피를 잡기가 힘들어.' 이런 상태라면 아직 고통이 부족한 상황이다. 지금 상태를 지속해 나가는 동안 고통이 쌓이고 쌓여 포기하는 데 필요한 양만큼 도달하면 포기가 가능해진다. 그러므로 결심을 뒤로 미루고 일단은 지금 상태(지금 선택한 방법) 그대로 내버려두자는 말이다.

이것은 문제를 회피하려는 듯한 인상을 주기도 하지만, 궁극적인 목적은 끝까지 해보고(즉, 지금의 행동을 지속시키면서) 포기 프로그램이 가동할 때까지 고통을 맛보자는 의미다. '끝까지 해보자. 그런 다음 도저히 안 되겠다는 생각이 들면 거기서 멈추면 된다.'

이 작업을 통하면 나름대로 사태의 윤곽이 드러난다. 이는 다른 사람 눈에는 아둔하게 보일지라도 당신의 포기 작업에는 꼭 필요한 과정이다.

●── 시험 삼아 해보기

'내버려두기'식 대처와 반대되는 발상이다.

포기저울이 움직이지 않는다. 그럴 때 일단 저울을 한번 흔들어주면 다시 움직이기 시작하면서 무거운 쪽으로 기울지 않는가? 이것은 일단 시험 삼아 해봄으로써 저울을 다시 맞추어보자는 발상이다. 구체적으로 설명하자면, 어떤 일을 구상하고는 있는데 감히 뛰어들지 못하거나(지금의 선택을 버리지 못하거나), 여러 가지 중 하나를 선택하기 힘든 상황에서 '일단 무슨 일이든 행동을 개시해보자'는 말이다. 행동을 일으키기 위해서는 계기가 필요하다.

나는 자주 '시험 삼아' 또는 '일단은'이라는 발상을 제안한다. 시험 삼아 해보자는 발상은 그것으로 '결정하자'는 것이 아니다. 행동했을 때 어떤 느낌이 들며 주변 사람들은 어떻게 반응하는지를 관찰해보자는 발상이다. 결정하려고 마음먹으면 자신도 모르게 다리가 후들거린다. 그러나 '시험 삼아' 해보는 것이므로 설령 잘못된다 한들 제자리로 돌아가면 그뿐이다.

어떤 일에 대한 시도는 정보 수집이다. 하나의 행동으로 결정짓는 것이 아니라 미묘하고 복잡한 생물체인 나 자신이 어떻게 느끼는지 시험해보는 것이다. 실제로 한 발짝 나아가는 것만으로도 생각이나 느낌이 크게 바뀌는 사람이 수없이 많다. 또 한 가지, '일단은'이라는 발상은 '시험 삼아'와 함께 쓰이는 경우도 많으나, '시험 삼아'보다 훨씬 마음 편하게 시도해볼 수 있는 발상이다. 어떤 일을 시도할 때는 '이렇게 하면 이렇게 되겠지.' 라는 예상이 어느 정도 머릿속에 있다. 그러나 좀처럼 미래를 종잡을 수 없는 상황에서도 '일단은' 발상을 하면 현재의 시점을 중심으로 할 수 있는 일, 하고 싶은 일을 해볼 수 있다. 메뉴판을 천천히 훑어보기 전에 "일단 맥주부터 주세요."라고 할 때가 많지 않은가? 무엇을 먹을지는 그 다음에 생각하면 된다.

그러므로 포기와 고통저울이 제대로 움직이지 않을 때는 이 '일단은' 발상으로 의외의 효과를 경험해보자. "그러니까 그 문제는 접어놓고, 일단 어떻게 할까요?" "그렇군요. 일단 좀더 해보겠습니다." 혹은 "그렇군요. 일단은 선배와 상의해보겠습니다."라고.

눈앞에서 어떤 한 가지 행동의 구체적인 윤곽이 잡히면 마음이 조금은 안정된다. 그리고 그 구체적 행동이 저울을 움직이는 계기가 되는 경우도 심심치 않게 있다. 그것이 '일단 식사를 한다'거나 '일단 잠을 잔다'와 같이 문제와 직접적인 관계가 없는 행동이라도 상관없다. 식사를 한다거나 휴식을 취함으로써 안정을 되찾아 냉정한 선택에 도움을 주는 경우도 많다.

지금 여기까지 읽어온 당신. '일단' 차라도 한 잔 하면서 한숨을 돌려보는 것이 어떨지?

●── 결심할 시기를 미리 정해놓기

'계기'가 되는 또 하나의 방법으로, 미래의 어떤 시기를 미리 정해놓고 그때가 오면 단단히 결심하는 방법도 있다. 고통은 한 번에 풍선처럼 커지는 것이 아니라 알게 모르게 조금씩 커진다. '어제까지는 참았는데 오늘은 못 참겠다.'고 느낄 정도로 고통이 명확해진다면 그때 결심을 할 수 있겠지만, 알게 모르게 스며드는 고통은 저울을 무디게 만든다. 그렇기 때문에 어떤 시기를 정해놓고 그때 강제적으로라도 결심해보자는 발상이다.

물론 이것을 '시험 삼아' 해보는 감각으로 시작해도 좋다. 가만히 있는 것보다는 발전을 기대할 수 있다. 새로운 선택을 했는데 후회가 된다면 원래 길로 돌아가면 된다. '해봤지만 안 돼. 이제 됐어.'라는 생각이 든다면 그것을 포기의 계기로 삼으면 된다. 이 방법으로 깨끗하게 미련을 떨쳐내는 사람도 꽤 많다.

●── 고통 프로그램과 포커싱, 마음의 회의

인간의 몸은 하나지만 욕구는 무한하다. 인간의 본성은 이런 구조적인 문제를 안고 있다. 그러므로 인간의 감정 프로그램이나 욕구를 모두 만족시키기란 애초부터 불가능한 일이다. 아무리 좋은 방법으로 아무리 노력해도 고통은 남게 마련이다. 현재의 방법을 취하면서 버렸던 욕구가 고통으로 축적되어 도저히 참을 수 없게 되면 포기 프로그램이 발동하여 다른 방법으로 옮겨갈 수 있다.

문제는, 다른 선택을 할 정도는 아니지만 축적되고 있는 고통이다. 본래는 참고 삼켜야 할 고통이지만, 이 고통을 '잊어버리려고' 하는 데서 오는 트러블이 미련을 남기는 원인이 되기 때문이다. 그러므로 어떤 것을 선택할 때 따라오는 고통을 불필요하게 확대시키지 않기 위한 대책이 필요하다. 그 대책

포기했다고 생각했는데…
회사에 남을 것인가
그만둘 것인가
선택의 기로에 놓인 경우
회사에 남는다
회사를 그만둔다
이점
안정된 수입
〈고통〉
· 인간관계
· 자신 없는 업무의 지속
· 출퇴근이 너무 힘들다
· 구조조정에 대한 불안감
이점
자유, 가능성, 희망
〈고통〉
· 수입이 없어질지 모르는 불안
· 다른 사람을 대할 낯이 없다
· 왠지 패배한 느낌
고통의 저울
'회사에 남을 때' 수반되는
고통이 적기 때문에 남기로 한다.
이에 수반되는 고통은 잊는다(그럴 작정).
그러나 인간관계나 자신 없는 업무에서
오는 고통이 쌓여간다.
마음속의 회의나
포커싱으로
대처
스스로 조절할 수 없는
상태에 이른다.
불안하고 답답하다.
그림 22

중 하나가 '포커싱'이라는 셀프 카운슬링 방법이다. 그림 22

포커싱

포커싱이란, 말로 표현할 때와 비슷한 효과를 발휘하는 작업을 자기 마음속에서 행하는 것이다. 자신의 마음속에 존재하는 여러 감정을 인정함으로써 안정감을 얻는다. 포커싱이 '말로 표현하는 일'이나 '자신의 머리로 생각하기'와 다른 점은, 말이 아닌 신체의 반응에 중점을 둔다는 점이다.

우리는 감정을 표현할 때, 속이 뒤집어진다, 심장이 벌렁거린다, 피가 거꾸로 솟는다, 오금이 저린다, 등골이 오싹하다, 머리카락이 쭈뼛 선다, 등등 신체를 사용한 표현을 자주 사용한다. 즉 감정에는 체감이 따라오게 마련이다.

다만, 감정은 그 후 '이런 감정을 가져서는 안 돼.' 또는 '나는 벌써 감정을 정리했어.' 등과 같이 신념이나 사고의 영향을 받아 없었던 일로 해버리려는 경향이 있다. 그러나 감정은 그런 식으로 속일 수 있다 하더라도 체감은 속일 수 없다. 어쩐지 썩 개운치 않거나 위화감이 남는다. 가슴이 꽉 막히거나 목에 무엇이 걸려 있는 듯한 느낌이 그것이다.

포커싱은 그 체감을 단서로 지금 상태에서 느끼는 모든 감정이나 사고에게 '그렇구나, 그렇게 느끼는 게 당연해.'라고 말하면서 다독거리고, 가능하면 그들 감정과 사고의 '변명'을 들으려고 애쓰는 작업이다. 지금까지 무시되었던 고통이나 감정을 다독거리고 인정하고 사과하고 감사한다. 그런 일련의 작업을 통해 고통을 원래의 크기에서 확대시키지 않는다.

그 밖에 이미지를 이용한 마음의 정리법도 있다. '마음속의 회의'가 그것이다. 간단한 방법이므로 그림 22에 등장하는 이직을 준비하는 남자의 사례를 통해 다음에서 소개하고자 한다.

마음속의 회의(會議)

먼저 30분 정도 혼자 느긋한 시간을 갖는다. 눈을 감고 지금 고민하는 테마(포기하고자 하는 테마)를 생각해본다.

지금 당신은 전직할지 말지의 문제로 고민 중이다.

이제부터 당신의 마음속에서 전직이라는 문제를 놓고 토론이 벌어진다.

먼저, 회의장을 이미지화해보자. 전직 문제를 놓고 토론할 때는 어떤 회의장이 어울릴까? 탁자는 어떤 모양이고, 의자는 몇 개나 있을까? 그냥 떠오르는 대로 이미지를 끄집어내면 된다. 가능한 한 구체적이고 리얼하게 상상해보기 바란다. 타원형 탁자에 여섯 개의 의자가 놓여 있는 회의장을 떠올렸다고 가정해보자.

문밖에서 출석자들이 기다리고 있다. 몇 명쯤 있을까?

이제 문을 열고 들어오는 사람을 구체적으로 이미지화해보자.

수염을 기른 온화한 느낌의 할아버지는 지팡이를 짚고 망토를 걸쳤다. 성격이 쾌활하고 포용력과 결단력이 있어 보이는 왕도 보인다. 베일로 얼굴을 가린 여자 점술사는 미래를 본다는 공을 들고 있다. 그 밖에도 어린이, 군인, 카메라를 든 기자가 등장한다. 당신은 등장인물들에게 아무것도 시키지 말고 그들이 나누는 대화를 그저 지켜보기만 하면 된다.

처음에 점술사가 "불안한 징조가 보이네요." 하면서 말을 꺼낸다. 다음으로 카메라를 든 기자가 사진과 관련된 어떤 사건을 이야기하기 시작한다. (이것은 카메라맨이 되고 싶은 본인의 마음을 대표한 사람이었으나, 말을 꺼내기 전까지는 단순한 기자라고만 생각했다.) 그 말을 듣고 군인이 지금의 생활의 안정성을 강조한다. 왕은 꿈이나 희망을 성취하는 일은 좋은 일이라고 주장한다. 할아버지는 묵묵히 사람들의 말을 듣고만 있다. 토론이 한참 진행될 무렵,

내가 "아기는 괜찮나요?" 하고 묻자 그는 "큰 소리로 울고 있어요."라고 전해주었다. 나는 처음에 아기는 카메라맨이 되고 싶다는 순수한 욕구를 상징하는 것이라고 생각했으나, 내가 "아기는 무슨 말이 하고 싶은 걸까요?" 하고 묻자 "위험한 일은 하지 말라고 하는데요."라는 대답이 돌아왔다.

마음의 회의에서는 자신의 감정의 조각들 하나하나를 소중하게 다룬다. 방법은 다르지만 포커싱과 같은 원리다.

이런 방법을 동원해도 당신이 납득할 수 있는 스토리에 금방 이르지 않는 경우가 더 많을 것이다. 포기는 오랜 시간이 걸리는 과정이라는 사실을 떠올리기 바란다. 그러나 이런 작업을 통해 마음이 정리되는 경우도 많다는 사실을 기억하기 바란다.

앞의 경우, '그렇구나, 나는 역시 위험한 일은 피하고 싶은 것일까?'라고 아기의 울음소리에서 자신의 마음속 울림을 발견했다. 이런 과정을 거치고 나면 어느 정도 마음의 안정을 찾는다.

포커싱이나 마음의 회의가 마음속 정리에 효과를 발휘하는 이유는 자기 마음속에서 해답이 들려오기 때문이다. 만약 내가 "당신은 혹시 전직을 두려워하는 게 아닐까요? 그만두는 게 나을 것 같은데요."라고 조언을 했다고 해서 그의 마음속이 결코 자연스럽고 솔직하게 정리되지는 않을 것이다.

●── 청년층의 포기

청년들은 에너지가 많기 때문에 포기를 두려워한다고 앞에서 말한 바 있다. 이럴 때 본인은 포기를 결심하지 못했는데 주변 사람들이 멋대로 결정하는 경우가 있다. 그러면 본인은 충분히 고통을 경험하지 못했기 때문에 여전히 미련이 남아 '포기하지 못하는' 상황이 계속된다.

　부모는 그래서는 안 된다. 본인이 납득할 때까지 경험하게 하고 고통을 맛보게 해야 한다. 사자는 일부러 자식을 계곡에서 떨어뜨린다. 귀한 자식일수록 여행을 보내라는 말도 있다.

　고통을 경멸하고 피하려고만 하면 프로그램은 가동하지 않는다. 눈에 보이는 상황의 해결에만 급급하지 말고 자식이 적절한 포기방법을 배울 수 있도록 훈련시켜야 한다는 사실을 명심하자. 자식이 겪는 마음의 고통을 옆에서 지켜보면서 지지해주자. 부모는 자식이 다음 배를 출항시키기 위해 머무는 항구가 되어야 한다.

　부모는 능숙하고 유연한 포기방법을 자식에게 가르쳐야 한다. 용기를 가지고 도전해본 후 자기 능력의 한계를 깨닫는다면 포기할 줄도 알도록 가르쳐야 한다는 뜻이다. 포기를 자기부정의 꼬투리로 삼지 않고 경험과 교훈을 살려 다음 단계로 담담하게 나아가는 자세, 이것이 부모가 제시해야 할 올바른 포기의 자세다.

　항상 성공하는 부모는 이 세상 어디에도 없다. 만약 있다손 치더라도 그런 부모에게서는 성공하기 위한 방법밖에 배우지 못한다. 부모는 자신의 성공한 모습만을 자식에게 보여주고 싶을지도 모른다. 그러나 자식은 오히려 부모가 위기에 처했을 때를 미묘하게 감지하고 그 상황을 주시한다. 그러므로 자식에게 올바른 포기를 가르치기 위해서는 발버둥치면서도 한 발짝씩 전진하며 담담하게 포기를 받아들이는 부모 자신의 모습을 보여주는 수밖에 없다.

포기를 주체적인 선택의 문제로 인식한다
-자신의 행동을 결정하는 작업 2

하나하나 나름대로 현실적인 선택을 했음에도 주체성 없이 떠밀려서 지금의 내가 된 듯한 느낌을 받을 때가 있다. 지금의 나는 본래의 내 모습이 아닌 것 같은 기분 말이다. 포기의 긍정적인 납득방법은 '이것은 불가능해.'가 아니라 '이것은 나에게 맞지 않아.'로 받아들이는 것이다. 그러므로 포기는 항상 선택의 문제라는 사실을 기억하자.

예를 들어 애인에게 차였다고 하자. 이것은 선택의 문제가 아니라고 생각하는 사람이 많겠지만, '그녀에게 차였다. 계속 그녀에게 구애를 할 것인가, 아니면 다른 여성에게 눈을 돌릴 것인가?' 하는 선택의 문제라고 볼 수도 있다. 금방 다른 여자에게 마음이 가지 않을 때는 '당분간 연애를 그만두자.'라는 또 다른 선택처가 있다.

선택은 어떻게 행동할지 방침을 정하는 일이라고 생각하길 바란다. 그녀를 포기하기로 결심했으니 실연의 아픔을 느껴서는 안 된다는 말이 아니다. 감정은 자연스러운 현상이므로 그 고통을 인정해야 한다. 그것과는 별도로 자신의 행동은 자신이 확실히 정한다는 의식을 가져야 한다.

목표가 있고 계획이 있고 그것을 향해 전진하고 있다는 느낌이 들 때 미래의 행복이 우리를 기다린다는 사실을 상기하기 바란다. 요컨대 포기를 수동적인 행동이 아닌 주체적인 선택의 문제로 인식하는 것이야말로 미래의 행복에 다가서는 지름길이다.

때로는 운명으로 여긴다
-자신의 행동을 결정하는 작업 3

현대사회는 선택의 여지도, 공략할 만한 분야도 많은 사회다. 현대인에게는 선택의 여지가 너무 많아졌다. 이것도 저것도 모두 확인하고 싶다. 누군가가 순위를 정해주지 않으면 혼자서는 선택이 힘들다. 게다가 선택기준도 모호해졌다. 스스로 알아서 하라고 해도, 책임을 생각하면 다리가 후들거린다. 이럴 때는 역시 '만남'이나 '운명'이라는 개념의 힘을 빌릴 필요가 있다.

현대사회는 가능성이 늘어난 만큼 미래에 존재할지도 모를 미지의 가능성도 많아졌다. 따라서 그 가능성들을 현명하게 선택하여 취하고 버릴 필요가 있다. 그럴 때는 지금 당신 눈앞에 놓여 있는 현실이 수많은 선택처 가운데 우연히 당신과 만났다는 사실의 의미를 되새겨보자. 지금의 당신은 그 선택의 의미를 모르고 있을지라도, 장래의 당신에게는 분명 의미가 있을 것이다.

'새옹지마'라는 중국 고사를 떠올려보자.

북방 국경 부근에 점을 잘 치는 새옹이라는 노인이 살고 있었다. 하루는 그가 기르는 말이 아무런 까닭도 없이 도망쳐 오랑캐들이 사는 국경 너머로 가버렸다. 마을 사람들이 위로하고 동정하자 새옹은 "이것이 또 무슨 복이 될지 누가 알겠소." 하고 조금도 낙심하지 않았다. 몇 달 후 뜻밖에도 도망갔던 말이 오랑캐의 좋은 말을 한 필 끌고 돌아왔다. 마을 사람들이 이것을 축하하자 새옹은 "그것이 또 무슨 화가 될지 누가 알겠소." 하며 조금도 기뻐하지 않았다. 그러던 어느 날, 전부터 말 타기를 좋아하던 새옹의 아들이 말을 타고 달리다가 말에서 떨어져 다리가 부러졌다. 마을 사람들이 아들이 다친 것을 위로하자 새옹은 "그것이 혹시 복이 될지 누가 또 알겠소." 하고 태연한 표정이었다. 그런 일이 있고 1년이 지난 후 오랑캐들이 쳐들어왔다. 많은 장정들이 싸움터에 나가 모두 전사했는데, 다리가 온전치 못한 새옹의 아들만은 전쟁터에 나가지 않아 무사할 수 있었다.

우리도 어떤 일이 장래에 자신에게 큰 의미로 다가올지 아닐지 어느 정도는 예측할 수 있다. 하지만 혼자 힘이나 판단으로만 어떻게든 해보려고 하다가는 타이밍을 놓칠 수 있다. 옛날에는 가까운 주변 사람이 "이제 더 이상 안 돼." 하고 전환점을 제시해주었다. 그러나 핵가족화된 지금은 한 사람 한 사람이 생활의 주체인 개인주의 사회다. 이런 시대에는 누구도 우리에게 전환점을 제시하거나 나아갈 길을 인도해주지 않는다. 누군가의 도움만 기다리고 있다가는 창살 없는 감옥에서 서서히 죽음을 기다리는 인생으로 전락할 수도 있다.

그럴 바에는 차라리 정보가 흘러넘치는 이 넓은 세상에서 어떤 사람과 운명적으로 만난 것, 어떤 정보를 얻게 된 것, 어떤 일이나 기회를 거머쥔 것 등을 '운명'이나 '신의 계시'라고 여기는 편이 마음 편하게 다가오지 않을까?

자신이 받을 자극을 스스로 바꾼다
—자신의 사고환경을 바꾸는 작업

포기란 어려운 작업이긴 하지만, 현대인들은 포기해야만 하는 것도 좀처럼 포기하지 못한다. 이것이 현실이다.

지금까지 이 책에서 소개한 방법대로 시도해보았지만 마음먹은 대로 되지 않은 당신. 다른 사람에게 말로 표현하지도, 정보를 얻지도 못했다. 이미지를 떠올려 마음속 회의를 열어보려 했지만 그것마저 제대로 되지 않는다. 행동하려고 해도 의욕이 일지 않는다. 그런 사람들에게 권하고 싶은 것이 다음에 소개하는 '100인 균형 수정법'이다.

재료를 정해놓고 특별한 요리를 만들라고 하는 데에는 한계가 있다. 지금까지는 요리법을 바꿔보자는 제안이었으나, 이번에는 재료를 바꿔보자는 제안이다. 재료란 당신이 받고 있는 자극이다. 앞에서 설명한 '인간의 행복과 불행은 마음속 100명의 영향을 받는다.'는 100인 오작동을 떠올리기 바란다. 그 마음속 100명에게서 받는 자극이 바로 이 요리의 재료다. 그 100명을 바꿈으로써 당신의 감정이나 행동(요리)이 바뀔 가능성이 높다. 나는 상담을 받으러 오는 사람들에게 이 100명을 의식적으로 컨트롤해서 자신이 받을 자극을 변화시킴에 따라 고통을 줄이는 방법을 권하고 있는데, 내담자들의 반응은 꽤 좋은 편이다. 나는 이 방법을 '100인 균형 수정법'이라고 이름 붙였다.

이것은 한 마디로 요약하면, 당신 마음속의 100명에게서 받는 불쾌한 자극을 쾌감으로 수정해가는 방법이다. 구체적으로 말하면 긍정적인 자극을 주는 사람과의 만남을 늘리고, 부정적인 자극을 주는 사람과의 만남은 줄이는 것이다. 이때 부정적인 자극을 주는 사람과의 교제를 단칼에 끊기보다는 긍정적인 자극을 주는 사람과의 만남을 늘림으로써 상대적으로 부정적인 자극을 주는 사람의 비율을 줄이는 것이 포인트다. 특히 인간관계가 너무 적어 특정한 사람에게서 지나친 자극을 받는 경우에는 중간 자극 또는 긍정적 자극을 주는 사람과의 교제를 늘리는 데 전념하는 일이 중요하다.

이 100인 균형 수정법은 다양한 방면에서 활용되며 이해하기도 쉽다. 먼저 100인 균형 수정법의 일반적인 방법을 소개하겠다.

먼저 자신이 영향을 받고 있다고 여겨지는 사람의 목록을 작성한다. 부모, 형제, 배우자, 연인, 친구를 비롯하여 선생님, 직장 상사, 동료, 거래처 사람, 그 밖에도 좋아하거나 싫어하는 배우, 작가 등도 포함된다. 실제로 만난 적이 있든 없든, 좋은 일이든 나쁜 일이든 자신에게 영향을 주는 사람들의 이름을 쭉 적어본다. 다음 페이지의 'U씨의 100인 목록'과 같이 표를 만들고, 떠오르는 사람들을 순서대로 적어보자. 한 줄에 한 사람씩 적는다.

친구를 100명 적으려 하면 의외로 힘들다. 자신은 친구라고 생각하는데 상대방은 자신을 어떻게 생각하는지 몰라 넣어야 할지 말아야 할지 고민되기도 한다. 여기서는 상대의 기분은 고려하지 않아도 된다. 어쨌든 자신의 감정과 행동에 좋든 나쁘든 영향을 끼친다고(자신이 영향을 받는다고) 생각되는 사람들을 적으면 된다. 물론 사람에 따라 100명이 넘는다든지 80명밖에 안 된다든지 모두 다르겠지만, 그런 것은 크게 상관없다. 꼭 100명을 채워야 직성이 풀리는 사람은 영향력이 큰 사람부터 적어 넣다가 100명에 이르면 끊는다.

작업 2

100명의 목록이 다 만들어지면 그 중에서 자신의 생활에 특히 영향을 미치는 사람 열 명을 뽑아 첫 번째 항목에 표시를 한다. 그 다음, 그 정도는 아니지만 다른 사람들에 비해 본인에게 큰 영향을 준다고 생각되는 사람 20명을 뽑아 표시를 한다.

작업 3

다음으로 자신이 영향을 미치고 싶은 사람(자신이 에너지를 쏟고 있는 사람,

U씨의 100인 목록

작업 1 (100인 목록)	작업 2 (영향을 받고 있다)	작업 3 (영향을 끼치고 싶다)	작업 4 (소중한 관계를 이어가고 싶다)
아내	○	○	◎
장남	○	○	◎
차남	◎	◎	◎
장녀	◎	◎	◎
아버지	○		◎
어머니			◎
여동생			○
여동생 남편			
남동생			○
숙부			
이모	○	○	
부장	◎	◎	
M계장	○	◎	
J계장	○	○	
부하 A		◎	○
부하 B		○	
부하 C		○	
부하 D(여성)			
부하 E(여성)		○	○ ○
부하 F(여성, 파견직원)		○	
부하 G(여성, 파견직원)			
부하 H(여성, 파견직원)			
부장 A		○	
부장 B		○	
부장 C	◎	◎	○
부장 D	○	○	
부장 E			
부장 F	○	○	
부장 G			
전무 A	◎	◎	
전무 B	○	○	
상무 A	○	○	
상무 B	○	○	
상무 C			
사장	◎	◎	
회장	○	○	
거래처 A	○	○	
거래처 A 보좌		◎	◎
거래처 B	◎	○	
거래처 C	○	○	
거래처 C 보좌		◎	◎
거래처 D	○	○	
거래처 E	○		
거래처 E 보좌			
거래처 F	○		
거래처 G	○		
거래처 H			
거래처 I			
거래처 J			
거래처 K			

작업 1 (100인 목록)	작업 2 (영향을 받고 있다)	작업 3 (영향을 끼치고 싶다)	작업 4 (소중한 관계를 이어가고 싶다)
거래처 L			
거래처 M			
거래처 N			
관련기업 담당 A			
관련기업 담당 B			
관련기업 담당 C			
관련기업 담당 D			
관련기업 담당 E			
관공서 A 부장		○	○
관공서 A 과장			
관공서 A 과장 보좌	○		
관공서 B 담당			
관공서 C 담당			
관공서 D 담당			
단골 의사	○	○	
장인어른			
처제			
이웃사람 A	○		
이웃사람 A의 부인			
통장			
골프 친구 A			○
골프 친구 B			
골프 친구 C			
대학 동기 A			
대학 동기 B			
고교 동기 A	○		○
중학교 동기 A			
중학교 동기 B			
작가 A	○		
작가 B			
고교 은사			
집을 지어준 목수		○	
아들의 담임			
아들의 클럽 코치		○	
다도회 선생			
다도회 친구 A			
다도회 친구 B			
대학 때 동경하던 선배	○		○
역술인	○		
오늘의 운세			
잡지 모델			
정보프로그램 A			
정보프로그램 B			
정보프로그램 C			
뉴스캐스터 A			
뉴스캐스터 B			
영화감독 A			
정치가 A			
평론가 A	◎		
평론가 B			

이 사람이 이렇게 해주었으면 좋겠다고 생각되는 사람)을 열 명 뽑아 두 번째 항목에 표시를 한다. 작업1과 마찬가지로 비교적 영향을 주고 싶다고 생각하는 사람 스무 명을 뽑아 표시를 한다.

작업 4

마지막 항목에 당신이 가장 소중한 관계를 이어가고 싶은 사람 5~6명에게 표시를 하고, 마찬가지로 비교적 소중한 사람 열 명에게 표시를 한다.

이 작업을 하는 동안 대부분의 사람들은 지금까지 미처 몰랐던 많은 사실을 깨닫는다. 먼저 자신이 실제로 에너지를 쏟고 있는 사람과 에너지를 쏟아부어야 할(소중하게 다루어야 할) 사람과의 괴리를 느낄 수 있다.

U씨는 최근 부하들과 불협화음을 이루고 있다. 특히 넘버2인 계장과는 냉전 중이다. 작업 2의 '영향을 받고 있다'는 말에서 U씨는 고민하더니 살짝 손을 들어 나를 불렀다. "어떤 사람이 좀 마음에 걸리는데요. 특별히 대화를 나누거나 하지도 않고 일 때문에 만나는 게 전부예요. 내가 그 사람 때문에 행동에 영향을 받는다거나 하는 일은 없는 것 같은데…. 그렇지만 신경이 쓰이는 건 사실이에요."

"당신이 이 시점에서 질문을 했다는 사실 자체가 벌써 상당한 영향을 받고 있다는 증거가 아닐까요? 그 사람은 당신이 관심 에너지를 사용하는 대상이라는 겁니다. 행동에 영향을 받지 않는다 해도 그 사람에 대해 생각하거나 그 사람이 어떤 반응을 보일까 생각하는 것도 영향을 받고 있다는 증거입니다."

U씨는 나의 지시에 따라 작업을 계속했다. 그리고 작업 4에 이르렀을 때 U씨가 갑자기 펜을 놓더니 "이거, 상당히 여러 가지를 생각하게 하는 어려운 작

업이네요."라고 말했다. 내가 "무슨 말씀이세요?" 하고 묻자, "소중한 사람들에게 오히려 소홀히 대하고 있다는 사실이 극명하게 드러나네요." 하고 대답했다.

우리의 행동범위는 100명이다.

인간관계가 급격히 넓어진 덕분에 현대사회에서의 행동범위 또한 그 전에 비해 훨씬 넓어졌다는 사실은 앞서 설명한 바 있다. 그러나 실은 현대사회의 100명이 생활과 밀착되지 않는 또 다른 이유는 이미지에 의해 본래의 모습이 변형되기 때문이다. 우리는 미래를 예측하고 위험을 피하기 위해 이미지 작업을 한다. 자극을 그 자체의 형상으로 인식하지 않는다는 말이다.

시험 삼아 지금부터 1분간 눈을 감고 들려오는 소리에 귀를 기울여보자.

어떤가? 활자를 좇던 사이에는 의식하지 못했던 다양한 소리가 느껴지지 않는가?

강의를 녹음해서 나중에 다시 들어보면, 강의 때는 잘 들리던 강사의 목소리가 소음 때문에 잘 들리지 않을 때가 있다. 사람이 어떤 정보에 의식적으로 주의를 기울이면서 (다른 정보는 무시하고) 효율적으로 정보를 처리하는 능력이 있음을 알려주는 대목이다. 반대로 '마음이 그곳에 없으면 보고도 보지 못하고 듣고도 듣지 못하는' 일을 심심치 않게 경험한다.

이처럼 인간은 주의를 기울이는 사물에만 의식이 집중되는 경향이 있으며, 의식하는 사물과 현상만이 이미지로 만들어진다. 주의를 기울이지 않으면 현실과 이미지는 점점 멀어진다. 내가 카운슬링을 하는 과정에서도 이렇게 확대된 이미지가 현실에 가까워지도록 지원해주는 일이 종종 있다. 이는 매우 중요한 일이다.

다시 100인 목록으로 돌아가자.

U씨의 100인은 이렇게 이미지가 변형된 100인이다. 그러나 비록 이미지는 변형되었다 하더라도 현실적으로 U씨에게 영향을 주는 사람들 또한 이 100인이다. U씨가 쓴 웃음을 지었던 이야기를 해보자. U씨는 작업 2와 3을 하면서 '자신은 회사에 다니고 있으므로' 회사 중심으로 100인 목록이 만들어지는 것은 '당연하다'고 생각했다. 그러나 작업 4를 하면서 자신이 소중하게 대해야 한다고 여기는 가족, 부모, 친구, 은사 등 주변 사람들에게는 그다지 에너지를 쏟지 않는다는 사실을 깨달았다.

'회사가 평생 나를 돌봐주지는 않아. 무엇보다 소중한 것은 가족이야!' U씨는 아침 조회 때 가끔씩 이렇게 생각한다고 한다.

이와 함께 U씨는 아까 나에게 질문했던 계장인 M씨에 대한 느낌의 정체를 어렴풋이 깨달았다. "실은 아까 말한 그 사람이 저의 부하인데요, 저의 방침에 항상 토를 다는 계장이에요."

"아까 말씀하신 그분 말인가요?"

"네. 원래 성격이 그렇겠거니 하고 신경 안 쓰면 그만이라고 생각했어요. 대신 다른 직원들한테는 영향이 미치지 않도록 제 나름대로 방어막이 되려고 노력했고요. 별 문제없이 지내는 중이라고 생각했는데…."

"그랬군요."

"그런데, 영향을 받고 있는가를 생각해보니, 솔직히 상당한 영향을 받고 있더라고요. 회사 직원들하고 술자리에 가도 항상 그 부하 일이 마음에 걸리고, 어쩔 때는 친구한테 푸념을 늘어놓기도 하니까요. 영향을 받는 현실도, 영향을 주고 싶은 감정도 너무나 확실하네요. '무슨 그만한 일 가지고 신경 쓰고 그래. 신경 쓰지 마.' 라는 충고를 들을 때는 그 말이 옳다고 생각하다가도 금방 다시 마음이 쓰인다니까요. 요즘에는 출근하는 것도 왠지 겁나고."

"그렇다면 그 부하하고 실제로 대화를 나눈다거나, 교제를 하거나 하는 물리적인 시간은 어느 정도나 되나요?"

"음. 많아야 하루에 10분 정도요. 일부러 피할 때도 많아요. 어쩔 수 없이 필요한 대화만 나누죠."

U씨는 솔직하게 이야기해주었다.

이것이 이미지에 의해 변형된 결과다. 실제로는 하루에 10분 정도밖에 커뮤니케이션을 하지 않는 M계장의 존재가 U씨의 목록에서는 필요 이상의 중요 인물로 자리 잡고 있다.

"그렇다면 이 작업을 해보십시오."라고 나는 다음의 작업을 제안했다.

작업 5

작업 2에서 표시를 한 열 명(M계장 포함)을 빼내어 각각의 사람이 자신의 행동과 감정 중 몇 % 정도를 차지하는지 원그래프로 표현해보는 것이다. 몇 번을 고치면서 완성한 U씨의 그래프는 그림 23과 같다.

"어떤가요? 이 작업을 하면서 어떤 생각이 들던가요?"

"네, 역시 M계장이 차지하는 비율이 생각보다 크네요. 왠지 분하기도 하고, 제 자신이 한심스럽기도 하고, 복잡한 느낌입니다."

"그렇다면 계속해서 다음 작업으로 넘어가볼까요?"

작업 6

하루 중 본인이 주로 무엇을 의식하며 시간을 보내는지를 생각해본다. 하루의 생활을 떠올리면서 그 시간 비율을 원그래프로 표시한다. 실제 시간을 정확히

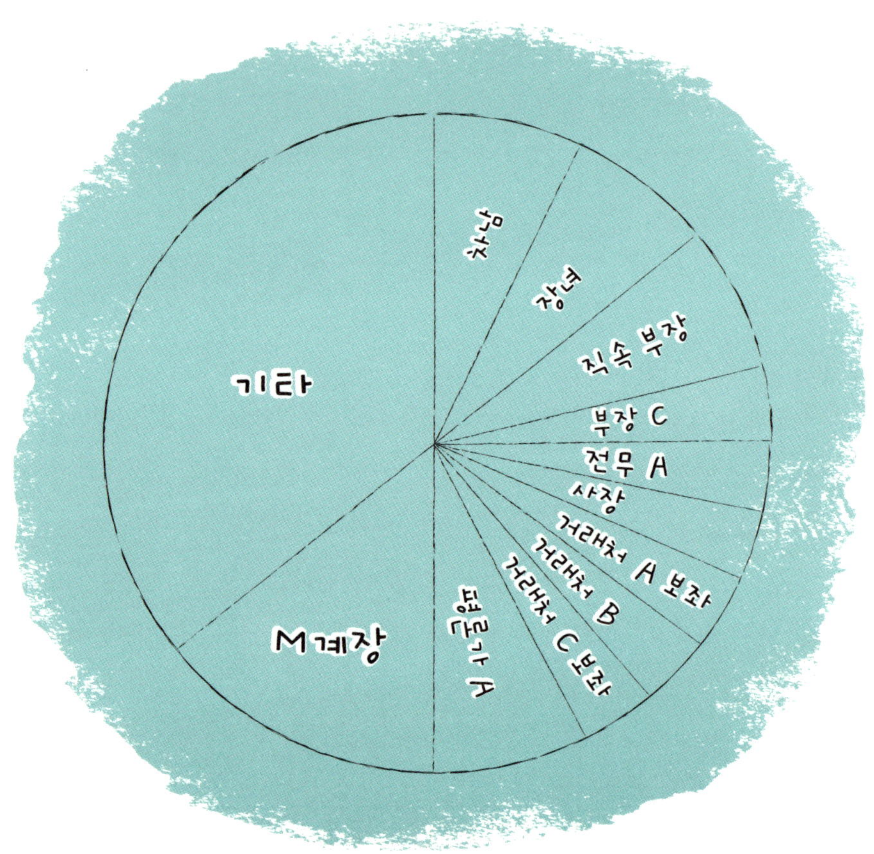

| 그림 23 |

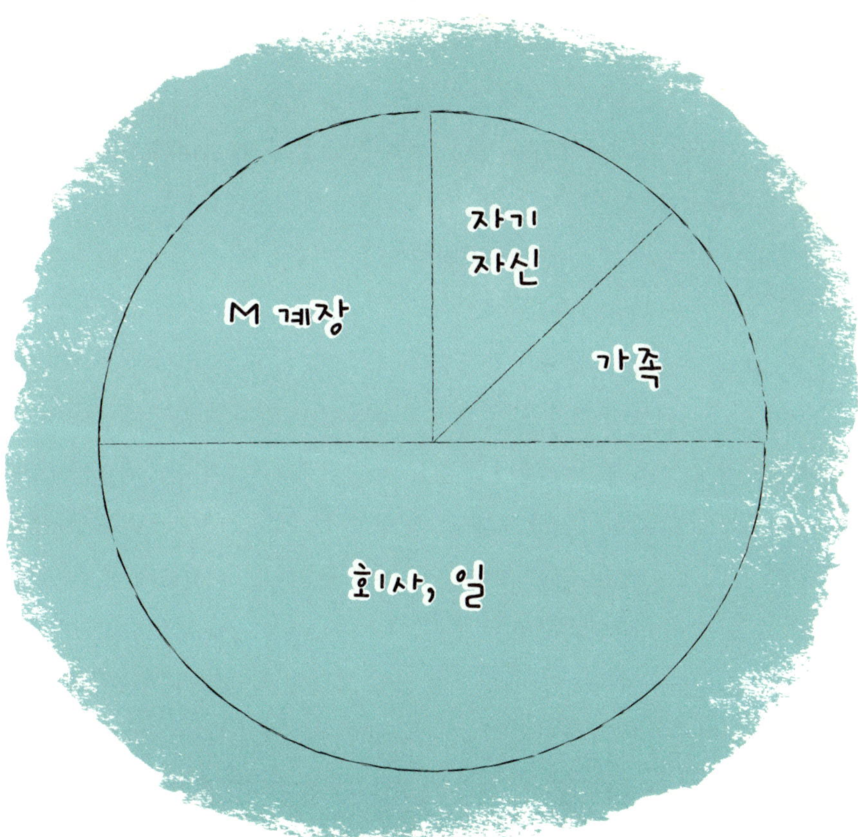

| 그림 24 |

계산하는 것이 아니라, 의식하는 시간을 이미지화하는 것이다.

그 시간은 본인을 위한 시간인가, 아니면 다른 누군가를 위한 시간인가? 다른 누군가를 위한 시간이라면 그 실체는 자신의 어떤 욕구에서 기인한 것인지 생각해본다.

한참을 생각하던 U씨가 그린 것은 심플한 그래프였다. _그림 24

"설마 이 정도일 줄은 생각도 못했어요. 허비하지 않아도 될 시간과 즐거움을 M계장 일로 너무 많이 소모하고 있네요. 나를 위해 쓰고 있는 것처럼 보이는 시간도 결국은 M계장의 일을 잊기 위해 보내는 게 많으니까요. 어차피 M계장의 영향을 받는 시간인 거죠. 이거 점점 실망스러운데요."

"그렇습니까? 그런데 당신이 M계장의 일을 못 잊는 건 당연합니다."

"네? 그게 무슨 말씀입니까?"

나는 100인 마을을 설명하기 시작했다.

100인 마을에서 누군가가 당신에게 적의를 품고 있다고 가정해보자. 그것은 당신이 언젠가는 그 사람에게 지위를 빼앗긴다든가, 최악의 경우 목숨을 빼앗길 수도 있음을 의미한다. 그러므로 항상 신경을 곤두세우고 그 사람을 끊임없이 경계해야 한다. 이런 상황을 끝내기 위해서는 그 사람의 '심리 정보(본심)'를 끌어내어 자신에게 적의가 없으며 죽이려는 마음 또한 없다는 사실을 간파하는 수밖에 없다. 아니면 그 상황이 오래 지속되면서 결과적으로 자신을 공격할 마음이 없었다는 사실을 납득했을 때 적대관계는 끝이 난다.

"그렇군요. 신경이 쓰이는 게 당연한 거군요. 그렇다면 제가 M계장과 마음을 터놓고 솔직하게 이야기를 나누면 상황이 나아질까요?"

"그렇습니다. 그걸로 문제가 전부 해결될지는 미지수지만, M계장의 본심을 듣는다면 당신의 마음도 훨씬 홀가분해지고 안정될 겁니다."

"그런데 사실은 좀 두려워요."

"그건 아까 말씀드린 것처럼 M계장이 당신에게 악의를 품고 있지는 않을까 하는 막연한 불안감 때문이에요. 어떻습니까? 냉정하게 돌아봤을 때, M계장이 그렇게까지 당신에게 적의를 품고 있는 것 같나요?"

"아니요. 자신의 의견을 관철시키고 싶은 것뿐이라고 생각합니다."

"그렇다면 용기를 내서 다가가보세요. 그것이 당신의 100인 목록에서 가장 개선해야 할 점일지도 모릅니다."

"알겠습니다. 그렇게 해보겠습니다."

이처럼 100인 목록을 작성하고 1에서 6까지의 작업을 해봄으로써 지금까지 눈치 채지 못했던 사실을 깨닫는다. 그것만으로도 효과가 크지만, 다음에는 구체적으로 어디를 어떻게 개선해 나갈지에 대한 방향을 제시해주기도 한다. U씨의 사례에서는 이미지의 수정이 중요한 포인트로 떠올랐지만, 100인 목록을 작성하는 또 다른 목적은 100인 목록 그 자체를 바꾸어가는 데 있다. 즉, 이미지가 아닌 자극을 받는 관계로 개선하여 자신의 행복지수를 높이는 것이다. 이것이 포기 프로그램을 적절히 가동시키는 데 필요한 강력한 무기가 된다.

예를 들어 "나에 대해 자신이 없다."고 말하는 W씨.

목록을 보니 대학 세미나 동기들이나 동호회 멤버, 교수 등이 눈에 띈다. 고등학교 때부터 사귀어온 애인이나 친구도 있지만 중요도는 낮다. 가족의 중요도 또한 그렇게 높지 않다. 공부에 대한 그녀의 열정적인 성격이 그대로 드러나는 대목이다. 주제가 본인에게 있었기 때문에 추가 작업으로서 작업 7을 하게 했다.

한 가지 주제를 정하고 그 주제와 관련하여 영향을 받고 있는 20명에게서 플러스 영향을 받는지 마이너스 영향을 받는지를 5단계로 평가한다. (+2, +1, 0, -1, -2)

예를 들어 '자신감 상실'이 주제라고 가정해보자. A씨와 있으면 즐겁지만 왠지 자신감이 없어진다면 '마이너스 2'를 매기는 식이다.

"항상 우울해요. 의욕도 없고, 사람들을 만나는 게 두렵기도 하고. 옛날에는 지금보다 훨씬 자신감에 넘쳤었는데. 지금은 정말 자신이 없어요…."

"좀더 구체적으로 어떤 마음인가요?"

"세미나에 참석해도 나만 따라가지 못하는 느낌이 들어요. 모두들 낙천적이고 머리도 좋은 것 같은데 나만 능력이 떨어지는 것 같은…."

그녀가 다니는 학교는 상위급 학생들만 들어가는 매우 우수한 대학이다. 그 학교에 다니는 것 자체가 그녀가 꽤 우수하다는 사실을 증명한다. 그러나 지금 그녀는 자신감을 잃어가고 있다. 즉, 100인 목록의 사람들로부터 종합적으로 마이너스 자극을 받고 있다. 그것은 작업 7의 결과에서도 확연히 드러났다. 그 결과를 그녀에게 설명했다.

"그럴지도 모르겠지만, 어쨌든 앞으로도 함께하고 싶은 사람들이에요. 그런 사람들에게 뒤지고 싶지 않아요. 그 사람들하고 있으면 의욕도 생기는걸요."

"그렇군요. 그래도 자신감을 잃는다는 건 안타깝군요."

"네…."

"의욕을 불러일으킨다고 해도 그 사람들이 자신감 상실의 근본 원인이 되는 게 문제군요."

"네. 그렇지만 지금 이 사람들을 멀리하면 앞으로 제가 하고 싶은 일을 하기 힘들어요. 이곳을 벗어나서는 안 된다는 생각이 들어요."

이처럼 '할 수 있다'는 신념이 그녀의 포기저울을 둔하게 만들었다.

"전부를 바꾸라는 게 아니에요. 물론 지금의 인간관계도 중요해요. 하지만 자신감을 잃고 괴로워하다가 결국 공부를 중단하는 사태가 벌어지기 전에 조금만 다시 균형을 잡아보자는 거죠."

"조금만 바꾸면 되나요?"

"그래요. 자신감 상실이라는 관점에서 보면요. 그럼, 100인 목록에서 이 사람과 있으면 마음 편하게 숨고르기를 할 수 있을 것 같은 사람은 누군가요? 여기에 없는 다른 사람도 좋아요."

"테니스부 친구 ○○ 가 있어요. 이 얘기 저 얘기 즐겁게 수다를 떨다 보면 어느새 시간이 흘러가버리거든요. 맞아요! 테니스를 할 때는 즐거워서 시간이 금방 흘러가요. 테니스부 친구들과는 한참 못 만났지만요."

"왜요?"

"세미나 때문에 바빠서요. 시험공부도 해야 하고. 만나자는 제안을 번번이 거절했더니 이젠 전화도 안 와요."

"그렇군요. 그럼 우선 테니스 친구인 ○○ 에게 전화를 걸어보면 어떨까요? 걸기 힘들어요?"

"아니요. 그런 건 아니지만, 역시 그 친구들과 만나 노닥거릴 시간이 없어요…"

"지금 당신은 쉼 없이 달리기만 하는 것처럼 보여요. 친구들과 테니스를 하거나 수다를 떠는 건 당신이 계속 달리기 위해 필요한 영양소라는 생각이 드는데요."

그런데도 계속 시무룩해하는 W씨.

"일단 해보고 안 되면 다른 방법을 찾아보자고요."라는 나의 제안에, "네. 해볼게요. 수험공부를 할 때도 기분 전환으로 자주 테니스를 했었어요. 대학에 들어오면서 이상하게 여유가 없어졌지만. 일단 한번 전화해볼게요."

그 후 W씨는 테니스부 친구인 ○○와 다시 어울리기 시작했다. 얼마 후 만난 W씨는 "대학 생활에도 많이 적응됐어요. 모두 보통사람들이더라고요. 테니스를 하면서 마음도 뚫리고. 역시 그런 시간이 제게 필요했나 봐요."라며 밝은 얼굴로 인사를 건네 왔다. 지금 그녀의 100인 목록에는 테니스부 친구들이 중요한 위치를 차지하고 있을 것이다.

이처럼 지금의 당신이 전체적으로 마이너스 자극을 매일 받고 있다면, 100인 목록에 올려진 개인 개인의 자극 총점이 마이너스라는 말이다. 그럴 때는 플러스 자극을 많이 받을 수 있는 교류를 조금씩 늘려가야 한다.

이런 사례도 있다.

이혼으로 아이와 단 둘이 생활하고 있는 엄마의 이야기로, 자기도 모르게 아이를 학대하게 된다는 심각한 내용이었다. 자식을 너무나 사랑하는데도 사소한 일로 불끈하는 화를 주체하지 못하는 자신. 후회를 거듭하면서도 또 다시 매를 들고 만다. 겁먹은 아이를 보고 있자면, 어렸을 때 영문도 모르고 아빠에게 매를 맞던 공포감이 떠올라 괴롭다.

이것은 매우 심각한 경우다. 나는 아이의 안전까지 위협받을지도 모른다는 생각에 마음을 다잡고 상담에 임했다. 그러나 자세히 이야기를 들어보니 폭력 자체는 아이의 안전을 위협할 만큼 심각하지 않았다. 일상적인 수준을 조금 넘는 정도였다. 그러나 그것으로 문제가 해결된 것은 아니다. 문제는 '자신을 컨트롤하지 못하는' 불안감이다.

나는 상황을 객관적으로 판단한 뒤, '유아학대'라고 할 만큼 심각한 상황이 아니라는 사실과, 아이를 키우다 보면 누구나 스트레스에 못 이겨 자신을 컨트롤하지 못할 때가 있다는 사실을 말해주었다. 그러고 나서, "그런데 일하고 돌아와서 쭉 아이하고만 있으면 답답할 때도 있지 않나요?" 하고 100인 균형에 관한 이야기를 꺼냈다. 그녀는 평일에 같이 못 놀아주는 것이 미안해 휴일에도 쭉 아이와 붙어 있었다고 한다.

아무리 부모 자식 사이라고 해도 서로가 상대방 인간관계의 30% 이상을 차지하는 편중된 구조는 그다지 바람직하지 않다. 이런 관계는 평상시에는 별 문제가 없지만 지쳐 있을 때는 서로에게 너무나 큰 영향을 끼친다. 자신의 감정이 상대의 언행에 의해 크게 좌우되는 부작용을 낳기 때문이다.

100인 마을에서 가족이 차지하는 비율이 열 명 정도일 때가 적절한 균형을 이루어 바람직하다. 조부모, 부모, 형제, 삼촌이나 이모, 사촌들도 있기 때문에 빼도 박도 못하는 일대일의 관계가 되는 경우는 거의 없다. 피치 못할 사정으로 중요한 인간관계가 무너진다 해도 비슷한 관계에 있는 다른 사람이 도와줄 수 있다. 이런 식으로 균형을 잡아야 한다. _그림 25

앞에서 언급한 어머니는 일요일에 지역에서 개최되는 '우정의 교실'에 참가하기로 했다. 이혼을 부끄럽게 여겼던 그녀는 그러한 모임이 있다는 사실은 알았지만 일부러 피해왔다. 우정의 교실에서는 아이가 노는 동안 자연스럽게 부모들의 커뮤니케이션이 이루어졌다.

"선생님, 이번에 이혼자 모임을 새로 만들었어요. 요즘 이혼녀들 인기가 상한가래요. 호호호." 오랜만에 길에서 우연히 만난 엄마는 비슷한 연령의 다른 모자와 함께 즐거운 듯 웃었다.

편중되지 않고 탄력성 있는 100인 균형

본인
약간 친밀한 인간관계
20~30명 정도 (예:친척)
친밀한 인간관계 10명 정도
(예:가족)
보통 인간관계
〈엄마와 아이 1대1인 경우〉
탄력성 없는 100인 균형
서로에게 미치는 영향력은…
엄마
아이
아이
엄마
평온할 때는 OK. 그러나 어느 한쪽이 무너지면 서로에게 미치는
영향이 너무 커진다. 그리고 그것은 자신에게 짐이 되어 돌아온다.

| 그림 25 |

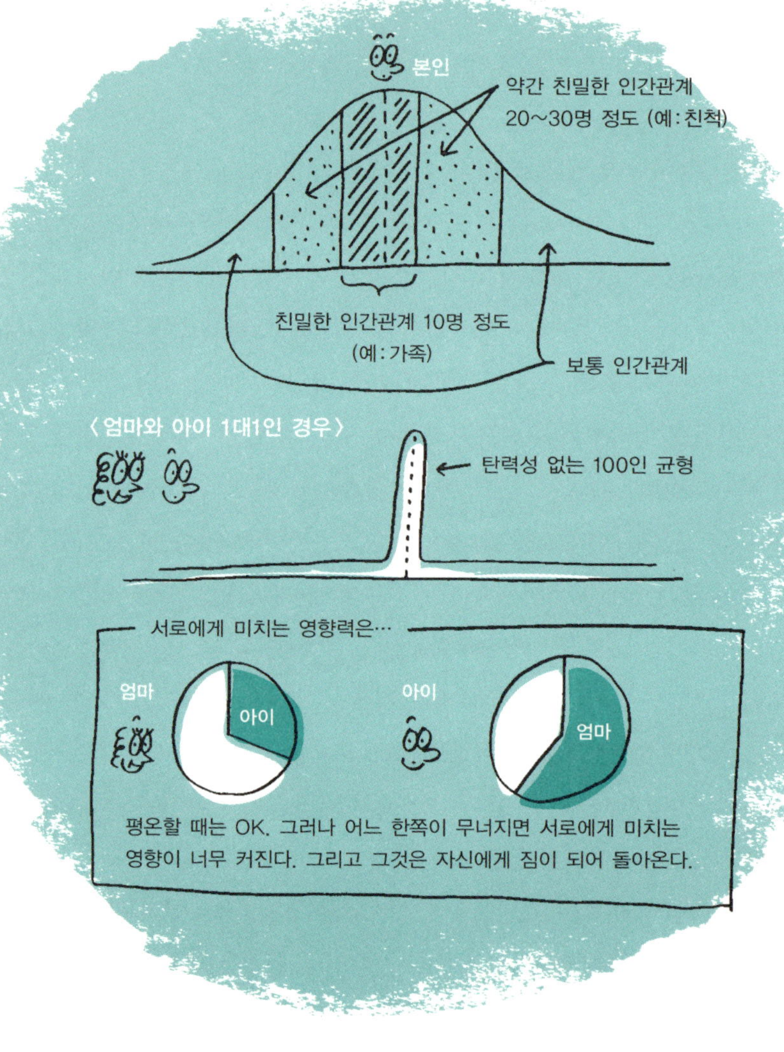

이렇게 100인 목록을 작성한 다음에는 100인 균형을 수정하는 방안을 모색해보자. 이유 없이 지금까지의 인간관계를 끊을 필요는 없다. 지금까지 소홀히 했던 인간관계를 개선함으로써 나쁜 영향을 미치는 인간관계의 비중을 현실적으로 줄이는 방안을 찾아보자는 것이다.

●── 구어체 정보, 구체적인 사례, 본심을 담은 정보의 힘

그러면 우리가 100인 목록에서 받는 자극에 대해 생각해보자. 그 전에 이 자극을 어떻게 수용해야 하는지도 조금 알아둘 필요가 있다.

우리는 문어체보다 구어체, 논리보다 사례, 표면정보보다 심리정보(본심)를 통해 많은 메시지를 받아들인다.

'구어체'의 정보는 원시시대부터 우리에게 익숙한 것으로, 100인 마을에서의 중요한 정보전달수단이다. 즉 소문과 전문 등이 이에 해당한다.

'사례'는 개념이나 논리보다 훨씬 강렬하게 우리의 마음에 와 닿는다. 이것도 100인 마을 시대에서 나온 유산이다. 원시시대에 존재한 모든 것은 구체적인 사례였다. 그때는 '봄이 오면 씨앗을 뿌린다'보다 '강가에 얼음이 녹으면, 물고기가 헤엄치기 시작하면 씨앗을 뿌린다' 등과 같이 구체적인 사물현상이 인간을 지배했다.

'최근 흉악 범죄가 증가하고 있다'보다 'A씨 집에서 언제, 어떤 상황에서 무슨 사고가 있었다, 이 사건을 누구누구가 목격했다'와 같은 사례성 정보가 훨씬 이해가 빠르고 기억도 오래간다. 긴박감 넘치는 영상을 조금만 접해도 온몸에 소름이 돋고 조심해야겠다는 기분이 한층 강해진다.

이런 정보는 표면적인 사실 전달에만 그치지 않고 등장인물의 심리상태를 같이 전달하는 편이 우리의 행동과 감정에 영향을 크게 미친다. 상품을 광고

할 때도 그 제품의 효과를 담담하게 설명하는 것보다 사용자의 코멘트를 같이 전달하는 편이 훨씬 설득력이 있다.

이것이 '구어체', '사례(구체적)', '심리정보'가 많이 이용되는 배경이다.

인터넷 쇼핑몰에서 상품을 검색할 때 사용자 후기를 게재하는 사이트가 많은 것도 이 때문이다.

평상시에는 평온을 가장하던 탤런트가 어떤 일로 흥분해서 화를 내거나 극한 상황에서 눈물을 흘리는 장면이 나오면 나도 모르게 화면에 바싹 얼굴을 들이댄다. 이것도 본심에 관한 정보가 들어 있기 때문이다. 본심을 밝히면 그 사람의 행동을 읽기가 쉬워진다.

연예인들이나 일반인들이 나와서 마음을 터놓고 자신의 경험을 이야기하는 프로그램이 높은 시청률을 보이는 이유도 '본심정보'의 힘 때문이다. 이 경우에도 우리는 텔레비전에 등장하는 인물을 100인 마을의 한 사람으로 느낀다. 100인 마을 구성원의 본심을 파악하는 일은 매우 중요한 일이다.

텔레비전 속에서뿐만 아니라 실제 인간관계에서도, 한 번 심하게 다툰 후 응어리 맺혔던 인간관계가 호전되거나 분노가 사그라지는 경우가 있다. 이것도 싸움을 통해 상대방의 마음을 어느 정도 확인했다는 데서 오는 안도감과, 자신의 감정을 방출한 데서, 즉 참기를 멈춘 데서 오는 후련함, '모든 사람들에게 호감을 받고 싶다'는 100인 오작동 중 하나가 활성화된 결과다. 이 밖에도 살인 피해자의 가족이 자신의 마음을 정리하기 위해 가해자와 만나 이야기를 들어보고 싶어하는 경우도 있다. 단순히 생각하면 '가해자를 죽이고 싶다는 마음이 든다면 이해하겠지만, 만나서 이야기를 들어본들 무슨 소용인가?'라는 의문이 생긴다. 그러나 이것도 표면정보와 심리(본심)정보의 차이에서 나타나는 행위다. 살인이라는 행위의 표면적인 정보는 재판이나 매스컴을 통해 흘러들어온다. 그것으로 마음의 정리를 하려고 하지만, 사랑하는 가족을 잃은 슬픔, 분노, 원망은 그렇게 간단히 사라지지 않는다.

나는 모든 감정은 미래형이라고 생각한다. 원망과 원한의 감정은 과거에 사로잡혀 있는 것이라고 느끼기 쉬우나, 미래에 대한 불안이 남아 있기 때문에 사그라지지 않는 것이다. 여기에는 '과거에 나를 괴롭혔던 상대가 있다. 그 상대에게 보복하지 않으면 나나 동료가 죽임을 당할지도 모른다. 상대의 적의를 확인하지 않으면 나에게 소중한 것을 또 빼앗길지도 모른다.'는 인식이 무의식중에 깔려 있다. 그래서 항상 상대방의 허점을 찾아 공격할 틈을 노리면서 감시와 경계를 게을리 하지 않고 상대의 본심을 파악하려 한다.

복수라는 극단적이고 단순한 방법이 금지된 현대사회에서는, 일단은 그 사람을 만나 '어떤 마음으로 그런 일을 저질렀는지, 지금 심정은 어떤지, 앞으로 어떻게 할 작정인지'를 확인하지 않으면 마음이 놓이지 않는다. 우리는 심리정보, 즉 본심정보를 알아냄으로써 미래의 불안을 떨쳐내고 싶은 것이다. 대처가 필요하다면 준비를 하고, 더 이상 경계가 필요 없다면 그때부터 포기하고, 잊어버리고, 받아들이려는 작업이 시작된다.

우리는 '백문이 불여일견'이라는 말을 자주 인용한다. 이 말은 상당히 설득력 있어 보이지만, 객관적으로 보면 조금 석연치 않은 구석이 있다. 그 이유를 사례를 들어 설명해보자. 어느 회사의 '영 패션' 담당자가 젊은이들의 패션욕구에 관한 풍부한 데이터와 자료를 가지고 부장과 설전을 벌였다. 부장은 "알았네. 하지만 나는 현장을 꼭 한 번 봐야겠어. 백문이 불여일견이라는 말도 있잖아." 하면서 젊은이의 거리에 나가 패션을 관찰하고 인터뷰를 했다. 그러나 운명의 장난인지, 부장이 현장에 나간 그날은 담당자의 설명과 전혀 다른 상황이 벌어졌다. 누구 하나 그런 패션을 하고 있지도 않았을 뿐더러, 길 가는

사람들을 붙들고 물어봐도 그런 패션에 대해서는 들어본 적도 없다는 대답만
이 돌아왔다.

이것은 정말로 운이 나쁘다고밖에 말할 수 없는 상황이다. 담당자는 필사
적으로 '진실'을 알리기 위해 설득했지만, 부장은 "아무리 그래도, 지금은 그
런 옷을 입은 사람이 아무도 없잖아!" 하면서 급기야 화까지 냈다. 결국 담당
자의 의견을 무시한 그 회사는 트렌드를 따라잡지 못해 시장에서 뒤쳐졌다.
담당자는 정확하게 시장을 파악하고 있었으나, 부장은 한 번 본 사실만을 믿
고 비즈니스 기회를 놓치고 만 것이다.

이것은 '구어체', '사례', '본심정보'에 마음을 빼앗기기 쉬운 인간의 한계
를 증명하는 한 예다.

● —— 초등학생의 동급생 살인사건

얼마 전에 일본에서는 초등학생 소녀가 동급생을 커터 칼로 살해한 비참한 사
건이 발생했다. 같은 반 친구인 두 아이는 학교 밖에서도 다른 친구들과 함께
교환일기를 쓰거나 인터넷 채팅을 할 정도로 사이가 좋았다. 살해 동기는 인터
넷 채팅이나 교환일기에서 자신의 용모를 흉본 데 대해 격분한 것이라고 한다.

100인 균형 시점에서 이 사건을 보면 이렇다.

범행을 저지른 소녀에게는 상대방 소녀의 존재가 너무나 컸다. 아마도
30% 이상을 차지하고 있지 않았을까? 학교, 특활활동, 교환일기, 채팅…. 이
것만 보더라도 자극이 너무 많다. 이런 깊은 관계는 평온할 때는 아무 문제가
없으나, 일단 어떤 문제가 발생하면 관계가 깊은 만큼 상대방에게 미치는 영
향 또한 걷잡을 수 없이 커진다. 불행하게도 두 소녀의 관계는 무엇이든 털어
놓는 친구에서 상대를 매도하는 적이 되어버린 것이다.

사춘기가 시작될 무렵, 부모의 존재는 줄어들고 동성 친구의 존재가 크게 부각된다. 이 시기는 이성에게 마음이 가기 시작하면서 특히 용모에 많은 신경을 쓰는 시기이기도 하다. 여기에 인터넷이라는 특성이 이번 사건에 기름을 부었다고 생각한다. 인터넷에서 이뤄지는 채팅은 구어체다. 그것도 일상적인 회화로 진행되기 때문에 두 아이는 '개념'이 아닌 구체적인 '사례'로 상황을 받아들였을 것이다. 게다가 활자정보는 정보량이 적어 오해의 소지가 높은 전달수단이다.

구어체이면서 사례, 여기에 오해하기 쉬운(적의가 있다는 전제 하에서는 그럴 수 있는) 정보를 자신 주변의 100명 중 30명으로부터 받아들인다면 감정이나 행동에 큰 타격을 받는 것은 당연하다.

우리가 스스로 100인 균형을 체크하려고 할 때, 그 사람에게서 직접 들은 내용이나 그 사람의 표정, 다른 사람을 통해 들은 그 사람의 본심정보(예를 들어 "A씨가 '당신은 성의도 없고 신뢰할 수 없는 사람이니까 다음 프로젝트에서 빼자.'고 말했어요."라는 말을 들은 경우), 또는 구체적으로 다른 사람과 비교당하는 상황 등은 가슴 속 깊이 남는다.

처음에는 그렇게 중요한 인간관계가 아니라고 생각했더라도, 비슷한 자극을 자주 받는다면 그 영향력은 점점 커질 수밖에 없다.

예를 들어 회사에서 하는 일마다 상사로부터 "또 자넨가. 자네한테 맡겨서 제대로 되는 일이 하나도 없구만! 다른 사람을 보고 좀 배우라고!" 하는 말을 들었다고 하자. 이 징글징글한 상사가 짜증난 표정으로 하는 말을 '별 볼 일 없는 인간이 하는 말은 무시하자.'고 생각해도 당신의 100인 목록에서 그의 비율은 점점 커져만 간다. 거기에는 사례와 구어체, 본심정보(표정)가 입력되어 있기 때문에 어쩔 수 없이 영향력을 발휘하게 되는 것이다. 당신이 아무리 무시하자고 생각한들 그것은 무리다. 오히려 무시하자고 마음먹었는데도 그 사람을 문득문득 생각하는 자신을 발견하고는 더욱 우울해진다.

그렇다면 어떻게 해야 이런 상황을 극복할 수 있을까?

먼저 100인 균형을 바꾸어보자. 위의 사례의 경우, 앞에서 살펴본 W씨와 같이 자신에게 즐거움을 주는 사람과 만나는 시간을 늘리거나 혹은 새로운 만남을 늘리면 상대적으로 상사를 생각하는 시간이 줄어들지 모른다. 연인이 생기면 상황이 크게 호전될 수도 있다. 내담자 중에 회사에서의 인간관계 때문에 고민하던 사람이 있었다. 나에게 카운슬링을 받는 동안에도 좀처럼 고민이 가시지 않는 눈치였다. 그러던 어느 날부터 상담내용이 조금씩 바뀌기 시작했다. 그가 어떤 여성을 흠모하게 되면서 상담 주제가 그녀에 관한 이야기로 옮겨갔기 때문이다. 그때부터 그의 회사생활은 크게 변했다. 눈에 가시 같던 상사의 언동도 그다지 신경 쓰지 않게 되었다. 상사를 변화시키는 데는 한계가 있다. 그야말로 신에게 비는 수밖에 달리 도리가 없다. 그러나 자신의 100인 균형이라면 바꿀 수 있다. 이 책의 주제대로라면 회사를 그만두고(포기하고!) 전직하는 방법도 있다. 그러면 100인 균형이 한순간에 바뀔 것이다. 그 상사와의 관계에서 오는 고통이 회사를 그만두고 다른 회사로 옮기는 불안감보다 크다면 전직도 훌륭한 방향전환 중 하나일 것이다. 자신을 회사에 맞추는 것도 좋지만, 자신에게 맞는 회사를 찾아 나설 수 있는 시대가 되었다는 사실을 기억하기 바란다.

또 다른 방법은 그 상사의 본심을 알아내는 것이다. 짜증내는 표정을 보고 본심을 추측할 수 있지만, 인간은 우리가 생각하는 것 이상으로 복잡하다. 마음을 굳게 먹고 상사에게 "왜 저를 그런 식으로 대하시나요?" 하고 묻는 것도 좋다. 그것이 어렵다면 사정을 아는 동료를 통해 그 상사의 본심을 알아내는 것도 좋다.

"그에게 특별한 기대를 걸고 있거든. 실은 이번 해외 진출 프로젝트에 그를 추천할까 생각 중이야. 내 나름대로 그를 훈련시키는 중이라고." 이것이 앞서 사례로 든 내담자가 동료로부터 전해들은 그 상사의 본심이었다.

고민이 있으면 그것을 해결할 방안도 반드시 있게 마련이다. 위의 사례처럼 적극적으로 행동함으로써 해결하는 방법도 있다. 그런 사람은 고민에 질질 끌려 다니지 않는다. 행동함으로써 결과를 확인하고, 필요하다면 다른 대처방법을 모색하기 때문이다. 그러나 적극적으로 행동하기를 주저하는 사람은 혼자서 문제를 해결하려고 발버둥치고 고민한다. 100인 균형 수정법은 혼자서 문제를 해결하고자 할 때 분명히 도움이 될 것이다.

마지막으로 매스컴이라는 괴물에게서 우리가 받는 영향에 대해 생각해보자. 대부분의 미디어, 예를 들면 텔레비전이나 영화(비디오, DVD), 책, 잡지, 만화 등은 앞에서 소개한 구어체와 사례, 심리(본심)정보를 포함하고 있다. 우리는 현실 속 인간관계에서 얻는 정보보다 이런 미디어를 통한 정보로부터 쉽게 영향을 받는다. 그 결과, 잡지에 게재된 특이한 사건이나 투고기사가 일반적인 사례라고 착각하고 멋대로 우리의 '역할' 이미지를 만들고 만다. 그러고는 우리가 제멋대로 만든 역할이 우리를 둘러싼 현실과 멀어질 때 자신감을 잃고 상대에게 분노를 느낀다.

100인 균형을 수정하기 바란다. 현실 속 인간관계를 넓히면 미디어에서 받는 영향을 줄일 수 있다. 미디어를 접하는 비중 자체를 줄이는 것도 좋다. 원시시대의 100인 마을로 돌아가자. 땅에 발을 딛고 현실 속에 존재하는 자신의 역할을 확인하자.

일과 인간관계에도
정기적으로 휴식이 필요하다

우리는 피로를 안일하게 생각하는 경향이 있다.

현대사회에서 육체피로는 상당 부분 개선되었다. 기계화, 정보화의 급속한 진보로 쾌적한 사무실에서 키보드만으로도 일을 할 수 있게 되었기 때문이다. 그러나 우리는 늘 피곤에 시달린다. 자양강장제나 건강보조식품을 달고 살 뿐 아니라 '휴식'과 '웰빙'은 이 시대의 트렌드가 되었다.

여기서 말하는 피로는 주로 정신피로를 의미한다. 정신피로도 육체피로와 같은 메커니즘이다. 가만히 앉아 있을 때조차 우리의 머릿속은 이런 저런 시뮬레이션으로 쉴 새 없이 돌아가고, 불안에 휩싸여 왠지 모를 두려움과 싸우며 살아간다. 운동을 심하게 하는 것도 아닌데 심장은 요동치고 위는 쓰려온다. 손바닥은 땀으로 흥건해진다. 가늘어진 말초혈관으로 끈적끈적한 피(위험을 감지했을 때는 혈액의 점성이 강해진다)를 보내기 위해 혈압은 높아진다. 겉으로는 평온해 보이지만 체내의 공장이 풀가동한 탓에 집으로 돌아가는 몸은 천근만근 무겁기만 하다.

인간은 끝도 없이 활동을 계속할 수는 없다. 현대사회는 모든 것이 새롭고, 환경의 변화는 무서우리만치 빠르게 진행된다. 거대한 파도에 휩쓸리지 않기 위해서는 일주일에 하루 정도는 일과 인간관계 모두 완전한 휴식을 갖는 시간이 필요하다. 그러나 아무리 이렇게 말해도 좀처럼 쉴 시간이 없다고 말하는 사람이 있다. 나는 그런 사람들에게 "당신은 겁쟁이로군요.", "용기가 없는 분이군요." 또는 "리더로서 자질이 없는 분이군요."라고 따끔하게 지적한다.

물론 휴식을 간절히 원할 만큼 피로가 축적되지 않았을 수도 있다. 그러나 쉬지 못하는 사람들은 대부분 '내가 없으면…' 하고 생각하는 경향이 있다. 즉 '책임'과 '리더십'이라는 말에 민감하게 반응하는 사람들이다. 만약 자신이 그런 성향을 가졌다고 느낀다면 '이만한 일로 걱정이 되어 쉬지도 못하는 건 내 그릇이 작기 때문이야.' 또는 '나에게는 용기가 부족해.' 하는 식으로 다른 관점에서 생각해보기 바란다.

정면으로 가는 것만이 용기는 아니다. 하산하는 용기, 회항하는 용기를 가진 자야말로 진짜 용기 있는 사람이다.

남자들에게는 이런 문구가 상당히 효과를 발휘하지만, 여성은 다르다. 조금 다른 설득법이 필요하다.

여성은 휴식하는 것에 대해 죄책감을 갖는 경향이 남자에 비해 강하다. 자책감으로 괴로울 때 쉬기까지 한다면 자신은 정말로 한심스러운 인간이 되고 말 것이라는 강박관념에 시달린다. 그렇기 때문에 자신은 고통을 당해 마땅하며, 편하고 즐거운 일을 해서는 안 된다고 스스로를 다그친다.

이런 사람에게는 휴식을 취하거나 스트레스 해소를 위해 즐거운 일을 하는 것을 '에너지 보급'이라는 표현을 써서 설명한다. 이 경우 '포상'이라는 발상은 피하는 것이 좋다. 포상이라는 개념이 불안한 마음을 자극하여 자책감을 더 크게 느끼게 할 수 있기 때문이다. 포상이 아니라 싸움을 계속하기 위해 필요한 에너지 보급제다. "앞으로 계속 싸워야 하잖아요. 그러려면 일단 에너지부터 회복해야죠."라는 식으로 설득하는 게 좋다.

반복해서 말하지만, 피로를 가볍게 넘겨서는 안 된다. 나는 상담자와 만나면 제일 먼저 상담자의 피로상태를 파악한다. 피로가 많이 쌓여 있는 경우라면 삶의 보람을 운운하기에 앞서 우울증 극복을 최우선으로 삼는다. 인생에 대해 고민하는 데에도 에너지가 필요한 것이다.

오늘을 즐겁게 살자

당신에게 피로가 쌓였다고 가정해보자. 우울증 상태로까지 발전했다면 1개월 이상의 장기 휴양이 필요하다. 몸과 마음을 모두 쉬게 해야 하기 때문이다. 이럴 때 몸과 마음을 확실히 회복시키기 위해서는 적절하게 약을 복용하는 것이 중요하다. 잠을 푹 자게 해주고 쓸데없는 불안을 없애주는 안정제의 도움이 필요하다. 정신과에서 치료를 받는 방법이 가장 확실하며 고통도 가장 적다. 피로를 쌓지 않기 위해 일상생활 속에서 명심해야 할 사항이 무엇인지 짚어보자. 불안감이 커지면 자신도 모르게 앞으로 벌어질 일이나 과거의 일에 연연하게 된다. 과거의 일이라고는 해도 그것이 미래에 영향을 미치지는 않을까 하는 두려움으로 이어지므로 결국 미래에 대한 불안이다. 다시 말해, 상황이 좋지 않게 전개될 때 우리는 항상 미래에 대한 과잉 경계 태세를 갖추고 준비를 한다.

그렇다면 그런 경계심을 풀기 위해서는 어떻게 하면 좋을까? 생각을 바꾼다거나 100인 균형을 바꾸어 입력정보를 바꾸는 방법도 있지만, 그것보다는 '아무 일도 벌어지지 않는 평온한 일상을 쌓아가는 것'이 마음의 평화를 찾는 지름길이다. 즉 '시간이 해결해주겠지.' 하고 마음을 느긋하게 갖는 것이다.

미래의 불안을 없애기 위해서는 오늘을 즐겁게 사는 수밖에 없다. 특별히 즐거운 일이 없어도 괜찮다. 그저 과거에 일어났던 (혹은 두려워했던) 나쁜 일 따위는 일어나지 않을 거라고 믿고 평범한 하루하루를 쌓아가면 된다. 그것이 쌓이고 쌓여 미래에 대한 불안을 없애준다. 나는 이것을 '행복 저축'이라고 이름 붙였다. 그러므로 당신이 미래에 대한 불안으로 초조해하면서 하루하루를 보내고 있다면 부디 오늘부터는 바로 지금 이 시간을 소중히 하기 바

란다. 오늘 누구와 만나는가? 오늘 무엇을 하는가? 오늘 무엇을 먹고 어디에
가는가? 오늘을 충실히 보내면 내일의 불안은 사라진다.

그럴 때 도움이 되는 것이 앞에서 소개한 '일단은' 발상이다. '일단 오늘은
이 일을 하자.', '일단 잠자고 나서 생각하자.', '일단 100인 목록에 있는 소중
한 누군가를 즐겁게 해주자.', '일단 오늘 저녁에 무엇을 만들어 먹을지 생각
하자.', '일단 책상 위부터 정리하고 보자.'

계획적이 아니어도 좋다. 지금 생각나는 일 중 하나를 할 수 있는 범위에서
해결하면 된다. 그런 시간들을 쌓아간다고 마음먹자. 그러면 오늘을 생각하는
동안 미래에 대한 불안과 공포가 서서히 사라짐을 느끼게 될 것이다.

CHAPTER. 10

결론

이 책을 무언가를 포기하지 못해
고민 중인 당신에게 바친다

신은 환경이 바뀌어도 어딘가에서 DNA를 계승시킬 수 있도록 인간을 창조했다. 남녀라는 개체를 만든 것도 다음 세대에 더욱 강한 유전자를 남기기 위해서다. 인간에게는 다양한 측면이 있다. 4장에서 설명한 중간목표 또한 모든 사람이 같은 목표에 끌리지는 않는다. 어떤 사람은 다른 사람에게 이기는 일을 중시하는 반면, 어떤 사람은 집단에서 인정받는 일에 에너지를 쏟는다. 또 어떤 사람은 항상 다른 사람에게 사랑받는 일에 관심을 갖는다. 중간목표만 보아도 이렇게 다르다. 이렇듯 사람마다 다른 중간목표를 추구하는 것이 바로 개성이다.

자신에게 주어진 전투력이라고 표현해도 좋다. 이것은 노력으로 키울 수 있는 성향이 아니라 우리에게 주어진 운명이다. 삶이란, 자신의 개성을 알고 그에 적응할 수 있는 자신만의 '삶의 광장'을 가꾸는 일이다.

없는 것을 달라고 아무리 졸라봐야 소용없다. 적절하고 유연하게 포기하는 재능을 가진 사람도 있고, 그렇지 않은 사람도 있다.

이 책은 비교적 포기에 서툰 현대인들을 위해 일반론적인 조언을 소개하는 책이다. 먹고 살기 위해 버둥대던 시대를 지나 현대사회는 각자의 인생에서 선택의 폭이 훨씬 넓어졌다. 이런 시대를 살아가기 위해서는 '포기'는 빠를수록 좋다. 거침없이 포기를 잘하는 사람도 물론 있다. 그런 사람은 오히려 '포기하지 마!'라는 문구를 가슴에 새기고 지금까지의 교육이나 문화의 전통을 소중히 해주기를 바란다. 무엇이든 포기하는 것만이 능사는 아니므로.

또한 '포기 타이밍'이라는 것이 있다. 능숙하게 포기를 잘하는 사람이라도 피로가 축적되어 있을 때는 결단력이 둔해진다. 에너지가 풍부할 때는 한 가지 일을 포기하고 다른 일을 찾아내어 행동에 옮기기가 쉽다. 그러나 에너지가 바닥났을 때는 재도전 자체가 '모 아니면 도' 식으로 흘러가고 만다. 지금까지 해온 일을 중지하는 데 매우 신중해진다. 고통스럽기는 했지만 어쨌든 여기까지 왔고, 앞으로 얼마간은 이 상태로 버틸 수 있다는 생각이 발목을 잡는다. 그것을 버리고 새로운 길을 가야 한다는 사실에 두려움을 느낀다.

인간을 보고 법을 설파하라는 말이 있는데, 나는 "인간을 보고 포기를 설파하라."고 말하고 싶은 심정이다.

사회가 '밝고 가볍고 단조로운' 패턴으로 나아갈 때 더욱 조심해야 할 타입이 있다. 친절하고 성실하고 근성이 있으며 약한 티를 내지 않고 인간관계를 소중히 하는 나머지, '나란 존재는 무엇인가'에 대해 지나치게 진지하게 생각하는 사람은 이런 사회 풍조에 편승하지 못하고 자기혐오에 빠지기 쉽다. 이런 사람이 특히 포기가 서툰 경향을 보인다. 포기가 서툴면 사태를 악화시키는 악순환에 빠지기도 쉽다.

이 책은 그런 착한 마음씨를 가진 사람, 삶에 지나치게 진지한 사람, 스스로 개척해 나가겠다는 의욕이 강한 사람을 괴롭히는 '꽉 조여진 포기 밧줄'을 조금이나마 느슨하게 해주는 것이 목적이다.

그러므로 에너지가 넘칠 때는 열심히 자기 나름대로의 속도로 전진하면서 시행착오를 겁내지 말고 도전하자. 에너지가 바닥나고 위기에 몰려 자연스럽게 포기 프로그램의 가동이 둔해질 때 이 책에 소개된 것들을 참고하면 된다.

이 책의 취지는 꿈을 포기하라는 것이 아니다. 실현 가능성이 희박한 꿈을 포기하고 가능성 있는 다른 꿈을 찾자는 것이다. 원시인이 가졌던 터프하고 강한 삶의 방식을 떠올리면서.

따라서 이 책은 꿈을 향해 돌진하는 사람을 목표로 하지는 않는다. 마음속에서 무언가를 포기하지 못해 고민 중인 사람, 지금의 삶이 고통으로 뒤덮여서 다른 방법을 찾아야만 하는데도 용기를 내지 못하는 사람을 위한 책이다. 타이밍이 늦으면 늦을수록 인생의 귀중한 시간과 에너지가 소멸된다. 비용 대비 효과가 나쁜 도박에서는 1초라도 빨리 손을 떼야 한다. 타이밍이 너무 늦어 손을 쓸 수 없게 되면, 삶의 방식이 아니라 삶 자체를 포기하고 마는 극한 상황을 맞이할 수도 있기 때문이다.

포기하지 못하는 사람에게는
그 사람만의 자리가 있다

당신이 이 책을 손에 들었다는 사실은 지금 무언가를 포기하려고 마음먹었기 때문일지도 모르겠다. 포기해야 할 때가 왔다고 생각하면서도 좀처럼 결단을 내리지 못해 고민 중인가?

여기까지 읽은 당신은 어쩌면 ‘포기하는 데도 노력이 필요하구나!’, ‘포커싱으로 마음을 정리해야지.’, ‘100인 균형이라, 나의 100인 목록을 작성해볼까?’, ‘그렇구나, 고통이 부족했는지도 몰라!’ 하면서 생각을 정리하는 중인지도 모르겠다.

그러나 여기서 잠깐 숨을 돌려보자.

‘포기’라는 성질 또한 신이 인간에게 부여한 능력이라는 사실을 기억하기 바란다. 예를 들어, 몇 날 며칠 비가 오지 않아 가뭄이 심해지자 원시인들이 물을 찾기 위해 모였다고 하자. 모두가 강바닥을 파기 시작했다. 그러나 아무리 파도 물은 나오지 않는다. 그럴 때 그곳을 포기하고 다른 곳으로 이동하는 사람이 있는 반면, 포기하지 못하고 더 깊게 강바닥을 파는 사람도 있다. 어느 쪽이 물을 찾을지는 운명이다. 그러나 인류가 살아남기 위해서는 한 곳에 집중하는 것보다 조화롭게 분산되는 편이 낫다. 즉 인간에게는 각각의 능력에 따라 주어진 역할이 있다. 그 역할을 충실히 수행하면 된다.

이 책에 쓰여 있는 대로 시도해보았으나 제대로 포기하지 못했다면 그것은 당신이 ‘끝까지 그 구멍을 계속 파는’ 부류에 속하기 때문일 것이다. 그것이 당신의 삶의 방식이자 삶의 터전이다. 다른 사람 눈에는 능력 없고 답답하게 보일 수도 있으나, 그것이 당신이다.

당신의 고통은 당신밖에 견딜 사람이 없기 때문에 신이 그 위치를 당신에게 부여한 것이다. 그렇다면 당신은 포기하는 일에 더 이상 집착해서는 안 된다. 당신의 힘이 남아 있는 한 끝까지 해보지 않으면 직성이 풀리지 않는 기질을 신으로부터 부여받았기 때문이다.

맺음말

"**재미있네요.** 그걸로 갑시다."

편집자인 토사 씨의 눈이 반짝였다.

나는 약간 주춤하면서, "그런가요…." 하고 기어들어가는 목소리로 대답했다. 분명히 몇 초 전까지 "포기라는 테마, 재미있겠네요. 언젠가는 이 테마로 정리해보고 싶었어요."라고 말했던 나다. 카운슬러인 나에게 '포기'는 매우 흥미진진한 주제였다. 적절한 포기야말로 고통받는 상담자들에게 행복을 안겨줄 중요한 포인트라고, 나의 감성이 그렇게 말하고 있었다. 그러나 느끼는 것과 책을 쓰는 것은 차원이 다르다. 마음속에서 불안감이 엄습했다.

실제로 집필을 시작하면서 그 불안은 금방 후회로 변했다.

원래 인간의 심리는 복잡하다. 다양한 요소가 얽혀 있다. 책으로 엮기 위해서는 적어도 내 자신이 그 복잡한 얼개를 제대로 이해하고, 그것을 다른 사람이 알기 쉬운 형식으로 간결하게 설명할 수 있어야 한다. 나는 나름대로 포기에 대해 충분히 고찰하고 연구해왔다고 자부했다. 그러나 책의 주제로서 다시

한 번 집중적으로 생각을 정리하다 보니, 포기는 다른 분야들과 매우 복잡하게 얽혀 있다는 사실을 깨달았다. 여기에 인간의 행복이라는 또 다른 주제와 연관 지어 설명해야 한다니!

머릿속에서는 이들의 관계를 정리할 수 있을 듯한 기분이 들었으나, 막상 그것을 활자로 옮기는 일은 상당히 어려운 작업이었다. 솔직히 약간 우울한 상념에 빠졌던 시기도 있다.

그러나 얼마 지나지 않아 내 안에서 '포기'가 싹텄다.

충분한 고민을 거쳤으므로 제대로 된 포기 과정을 거쳤다고 감히 말하고 싶다. 나는 이렇게 생각을 고쳐먹었다. '물론 이 책에서 포기에 대한 모든 걸 충분히 해석할 수는 없어. 그렇다 해도 특별히 문제 될 건 없잖아. 내 생각이 100% 옳다고 장담할 수도 없어. 만약 내 생각이 100% 전해졌다고 해도 어디까지나 그건 나의 가설일 뿐이야. 좋은 책은 그 책을 읽는 사람의 감성과 이미지를 자극하는 책이야. 내 가설을 독자들은 나름대로의 경험과 발상으로 받아들일 거야. 알 듯 모를 듯 독자의 뇌를 자극하는 책이 재미있잖아. 강의가 끝나고 토론을 벌일 때면, 듣는 사람들마다 나름대로 독자적인 해석을 달아 어떤 때에는 '내가 그런 말을 했었나?' 하고 감명을 받기도 하잖아?'

이리하여 나는 포기를 완벽하게 해석하는 일을 포기했다. 변명처럼 들리겠지만 나에게는 중요한 포기 수행 과정이었다. 그러나 이로써 모든 일이 명쾌하게 정리된 것은 아니었다. 포기는 원래 오랜 시간이 걸리는 과정이다. 집필을 계속하면서 또 다른 불안이 밀려왔다.

'역시 문장으로 표현하는 데는 한계가 있어.'

'좀더 이해하기 쉽게 써야 할 텐데.'

‘내가 읽어도 무슨 말인지 모르겠네.’

이번에는 자기혐오의 악순환에 빠지고 말았다. 고통스러웠다.

그러나 이 고통은 포기 에너지로 축적되어 또 다시 포기저울이 움직이기 시작했다.

‘나는 정말 문장력이 없어. 그렇지만 강의는 꽤 평판이 좋잖아. 왜 그럴까? 그래 맞아. 이해하기 쉽게 도표를 써서 설명하기 때문이라 그럴 거야.’

그런 생각을 하니 숨통이 조금은 트였다.

그래서 내용을 전부 문장만으로 표현하려는 고집을 접고, 도표를 활용하는 ‘나다운 스타일’로 전환하기로 했다.

‘멋진 문장을 써서 다른 사람을 깜짝 놀라게 해주고 싶다’는 ‘만족하지 못하는 오작동’이 멈추자, 문장만이 아닌 도표를 써서 표현하는 데 귀중한 시간과 에너지를 쏟아 부을 수 있었다. 그야말로 촉촉이 젖어드는 행복을 경험했다.

이 책에서 거듭 설명했듯이, 포기는 살아가는 데 있어 귀중한 선택기능이다. 성공을 위한 일보후퇴이기도 하다.

‘이것도 저것도 다 잘하고 싶다. 그러나 아무것도 제대로 하지 못하는 내가 무능력하게 느껴진다.’ 잘하고자 하는 마음은 인간의 본성이지만, 이런 식으로 사고가 편중되면 이상에 접근하지 못하는 자신의 무능력을 탓하게 되고, 심해지면 자기비판과 자학의 나락으로 빠진다.

‘나’라는 기계가 있다고 치자. 기계를 바꾸지는 못한다. 이것을 어떻게 제대로 사용하는가가 문제다. 이를 위해서는 기계의 성능을 확실히 이해하고 성능을 발휘할 장소를 선택하는 것이 무엇보다 중요하다. 기계를 잘 활용할 수 있는 분야를 찾아내어 거기에 승부를 건다. 승부를 피하는 것이 아니다. 하다

안 되면 다른 길을 찾으면 된다. 이것이 포기 프로그램이다.

제대로 된 포기를 한마디로 요약하면 '포기해야 하는 부분을 인정하고 실행하지만, 결코 자존심을 잃지 않는 것'이다. 이것은 경험을 바탕으로 축적되는 삶의 방식이기 때문에 학교에서 가르쳐주는 것은 아니다.

나는 아버지로서 사랑하는 딸들이 나를 거울삼아 이런 지혜를 배우기를 바란다. 그러기 위해서는 나 자신이 적절하고 유연하게 '포기하는' 모습을 끊임없이 보여주어야 한다. 그것은 단순히 살아가는 모습이 아니라, 인생을 적극적으로 살기 위해 고통과 싸우면서 의연하게 나아가는 모습이다.

이 책을 출간하기까지 도움을 주신 매거진하우스 서적출판부의 도사 유타카 씨에게 이 자리를 빌어 감사의 인사를 드린다. 어떤 인연의 끈이 있었는지 모르겠지만 상담을 받기 위해 나를 찾아와준 여러분들께도 감사의 말씀을 전하고 싶다. 고통을 감내하며 적절하고 유연하게 포기를 수행한 여러분들의 인생에 동참한 덕분에 이 책이 세상의 빛을 보게 되었다.

이 책이 현대인의 마음을 조금이나마 가볍게 해줄 수 있다면 더할 나위 없이 기쁘겠다.